KB262415

시니어를 위한
노래모음집

부르고 싶은 노래 2

최선기 편저

머리말

대한민국은 개발도상국에서 선진국으로 공인된 유일한 나라다.

그 바탕에는 유능한 인적자원이 있었고 그분들이 오늘날 7~80대에 접어들었다.

국가는 그분들의 노고에 대한 감사로 각종 복지정책을 마련하고 있다.

전국에 많은 복지관이 설립되어 문화, 체육, 교양, 취미 등 육체와 정신의 건강을
도울 다양한 프로그램을 편성 운용하고 있다.

필자는 합창과 오케스트라 등을 지휘하였다.

10여 년 전부터는 지역사회에서 복지관이나 문화센터에서 합창과 가곡을
지도하고 있다.

특히 은퇴한 분들이 주로 이용하는 복지관에서 수업하는 동안 사람들이
사랑하는 노래들이 아주 많다는 것을 알게 되었다. 가곡뿐만 아니라 가요, 동요,
민요, 팝 등 수업현장에서 부르며 행복해하는 곡들을 골라 책에 수록하였다.

1권을 내면서 부족함을 알게 되었고 이번에 2권을 내게 되었다.

이 책을 통해 많은 사람들이 행복하길 기대한다.

책이 나오기까지 선곡에 대한 의견을 주신 권숙경, 김정화, 박수영님과 힘을
넣어주신 박복이, 이현숙, 장윤희님께 감사드리며 언제나 산처럼 멀리서 지원해
주시는 이병숙님께 감사드린다.

2025년 8월
편저자 **최 선 기**

Contents

Contents

가시나무

원키 C
하덕규 작사/작곡
♩=55
Bb Eb Bb F7
Bb Eb Bb F7 Bb
Bb Eb Bb F7
Bb Eb Bb F7 Bb
Eb Bb Eb C7 F7
Eb Bb Eb C7 F7
Eb Bb Cm C7 F7
Bb Eb Bb F7 Bb
내 속
엔 내가 너무도 많아 당신의 쉴 곳 없네 내 속
엔 헛된 바램들 - 로 당신의 편할 곳 없네 내 속
엔 내가 어쩔 수 없 는 어둠 당신의 쉴 자리를 - 뺏 고 내 속
엔 내가 이길 수 없 는 슬픈 무성한 가시나무 숲 - 같 네 바람만
불면 그 메마른 가 지 서로 부대끼며 울어 대고 - 쉴 곳을
찾아 - 지쳐 날아 온 - 어린 새들도 - 가시 에 찔려 날아 가 고 바람만
불면 외롭고 또 괴로워 슬픈 노래를 - 부르던 날이 많았는 데 내 속
엔 내가 너무도 많 아 서 - 당신의 쉴 곳 없 네

가을 편지

고은 작시
김민기 작곡
Bb Gm F7 Bb
가 을
Bb Gm F7 Dm7 Cm7
엔 편 지 를 하 겠 어 요 - 누 구 라 도 그 대 가 되 어 받 -
엔 편 지 를 하 겠 어 요 - 누 구 라 도 그 대 가 되 어 받 -
엔 편 지 를 하 겠 어 요 - 모 든 것 을 헤 매 인 마 음 보 -
Dm Gm Cm7 F7
아 주 세 요 낙 엽 이 - 쌓 이 는 날 외 로
아 주 세 요 낙 엽 이 - 흩 어 진 날 모 르
내 드 려 요 낙 엽 이 - 사 라 진 날 헤 매
Bb Eb F7 Bb
운 는 여 자 가 아 름 다 워 요 가 을
인 여 자 가 아 름 다 워
Bb Bb Gm F Dm7 Cm F7 Bb
D.S. al Coda
요 가 을
Bb
요

간다 간다 하더니

김인곤 작사
김규환 작곡

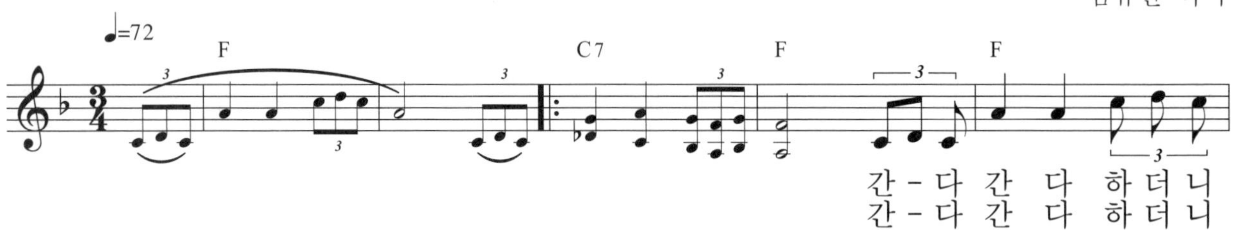

갈대밭에서

Moderato
고진숙 작사
김연준 작곡
소 슬 하 게 바 - 람 부 는 가 - 을 밤 -
갈 대 잎 에 이 - - 슬 이 맺 - 히 네 - 강 물 처 럼 흐 - 르 는 -
저 - 달 빛 - 달 빛 넘 쳐 흐 르 - 는 가 - 을 밤
너 는 이 - - 밤 에 홀 - 로 외 롭 게 - 무 슨 생 - 각 에
- 잠 기 었 나 이 밤 - 에 어 이 잠 - 못 이 루 나 오 랜 너 의 소
- 원 말 해 다 오 밤 마 - 다 그 리 는 사 랑 - 이 여
외 로 운 맘 나 - 그 네 여 라 - - 강 물 처 럼 달 - 빛 흐 르
는 - 이 밤 - 저 달 빛 에 너 의 몸 - 씻 고 눈 - 물 흘 리 나 오 랜 -
소 - 원 무 엇 이 었 - 나 - -

개똥벌레

한돌 작사/작곡

아 무슨 리 을 우내 겨봐 어 도 도 어 쩔 수 없 네
가 슴 음 을 내다 밀주 어 도 친 구 가 없 네
마 나 는 - 개 똥 벌 레 어 쩔 수 없 네

저 기 개 똥 무 덤 이 내 집 인 걸 -
노 래 하 던 새 들 도 마 음 뿐 인 걸 -
사 랑 하 고 싶 지 만

손 을 잡 고 싶 지 만

멀 리 날 아 가 네 가 지 마 라 - 가 지 마 라 -
모 두 떠 나 가 네

가 지 말 아 라 나 를 위 해 한 번 만

노 래 를 해 주 렴 나 나 나 나 나 -
손 을 잡 아 주 렴 아 아 외 로 운 밤 -

쓰 라 린 가 슴 안 고 오 늘 밤 도 그 렇 게
울 다 잠 이 든 다
울 다 잠 이 든 다
D.S. al Coda
울 다 잠 이 든 다

고운 봄길 위에

김영랑 작시
김명표 작곡

고향 그리워

원키 F
만향 작시
이홍렬 작곡
깊 어 가는 가 을밤 에 고 향 그 리 워
어 린몸 이 자 라 나 던 고 향 그 리 워
맑 은 하 늘 쳐 다 보 며 눈 물 집 니 다
서 쪽 하 늘 쳐 다 보 며 눈 물 집 니 다
시 단 냇물은 소 리 높 여 좔 좔 흐 르 고
애 풍잎은 바 람 결 에 펄 펄 날 리 고
처 량 하 게 기 러 기 는 울 며 나 는 데
달 프 게 벌 레
깊 어 가 는 가 을 밤 에 고 향 그 리 워
맑 은 하 늘 쳐 다 보 며 눈 물 집 니 다
D.S. al Coda
들 은 울 어 싸 는 데 어 린 몸 이
자 라 나 던 고 향 그 리 워 서 쪽 하 늘 바 라 보 며
눈 물 집 니 다

고향

전기수 작시
신동영 작곡
Andante
아 - - - -
- 그 - 음 성 사 - 라 져 못 들 을 바 - 에 - 야 논 두 렁 에 앉 -
아 오 랑 캐 꽃 이 - 나 들 여 다 볼 - 까 - 묻 - 어 둔 꿈 의 씨
앗 꿈 의 씨 앗 돋 - 아 - 난 논 두 렁 에 앉 - 아 오 랑 캐 꽃 이 - 나
들 여 다 볼 - 까 비 바 람 잇 대 인 세 월 에 - 서 명 리 의 티
하 나 없 이 논 두 렁 에 앉 - 아 오 랑 캐 꽃 이 나 들 여 다 볼 - - 까

구월의 노래

이유 작사
길옥윤 작곡

군밤타령

경기 민요
김용우, 원영석 편곡

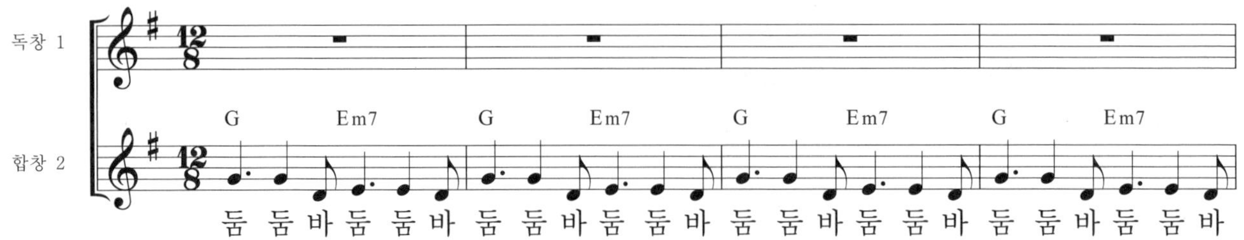

아카펠라(A cappella)는 이탈리아어로 '교회풍으로'라는 뜻입니다.
악기 없이 사람 목소리만으로 합창하는 것을 말합니다.
중세 성가에서 출발하였으며, 르네상스시대까지 교회의 성가대가 반주 없이
복잡한 다성 성가를 부르던 것에서부터 시작되었습니다.
아카펠라에서는 노래를 부르는 것에 그치지 않고
각종 악기소리, 효과음도 내어 풍부한 저, 중, 고의 음역대를 만들어 냅니다.

그날처럼 비 내리네

하옥이 작시
김동환 작곡

조금 느리게

그네

김말봉 작사
금수현 작곡

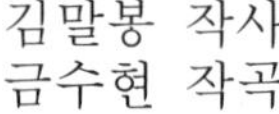

느리게

p
세 모 시 옥색치마 금박물린 저 댕-기 가
한 - 번 구-르니 나무끝에 아 련-하고

f mf
창 공을 차고나가 구 름속에 나부낀다 -
두 번을 거듭차니 사 - 바가 발 아래라 -

제 - 비도 놀 - 란 - 양 나래쉬고 보더라 -
마 - 음의 일 만 근 심은 바 - 람 이 실어 가네 -

그대에게 내말 전해주게

R. Falvo

그대 내 맘에 들어오면

Bossanova
조덕배 작사/작곡
다가가면-뒤돌아 뛰어가고 - 쳐다보면-하늘만 바라보고 -내맘을 모르는지 -알면서
그러는지 - 시간만자 -꾸자꾸 흘러가네 - 스쳐가듯-내곁을 지나가고 - 돌
-아서서-모른척 하려해도 - 내마음에 - 강 -물처럼 - 흘러가는 -그대는
무지갠가 - 뛰어갈텐데 - 훨-훨 날아갈 -텐데 - 그
-대 내 맘에 - 들 -어오 -며는 - 아 이 처럼 뛰어 가지
않아도 - 나비따라떠나가지 않아도 -그렇게 오래오래그대곁에 남아서 -
강 물처럼그대곁에 흐르리- 뛰어갈-텐데 - 날 -아갈 -텐데
- 그 대 내맘에 - 들 -어오며는-

습작으로 썼던 노래인데 주위에서 노래 좋으니 발표하자 하여 빛을 보게 된 노래입니다.
보사노바 리듬의 곡인데 성시경이 부른 버전을 조금 응용하였습니다.

그리움

이호로 작사
김희조 작곡

그리움

고진숙 작사
조두남 작곡
조금 느리고 정열적으로
기 약 없 이 떠 나 가 신 그 대 를
귀 뚜 라 미 우 는 밤 에 언 덕 을
그 리 며 - 먼 산 위 에
오 르 면 - 초 생 달 도
흰 구 름 만 말 없 이 바 라 본 다
구 름 속 에 얼 굴 을 가 리 운 다
- 아 돌 아 오 라 -
- 아 돌 아 오 라 -
아 못 오 시 나 - 오 늘 도 해 는
아 못 오 시 나 - 이 밤 도 나 는
서 산 에 걸 려 노 을 만 붉 게 타 네 - -
그 대 를 찾 아 어 둔 길 달 려 가 네 - -

금강산

Moderato ♩=88
정치근 작시
김경중 작곡
금 강
금 강
산 일만이천봉 해와달 이쉬어가는곳 기암
산 일만이천봉 물과돌 이노래하는곳 사시
괴 석이천태만상 곱고도고와
풍 경이천변만화 곱고도고와
눈 은반하-여 꿈이아 닌가-하-고
눈 은홀리-어 넋을잃 어버-리-고
입 은반하-여 참이아 닌가하는도다 너무
입 은홀리-어 말을잃 어버리는도다 너무
나 경이롭-고 너무나 신비로-워 가보
나 경이롭-고 너무나 신비로-워 가보
면 원을풀-고 못보면 한-을품는 아
면 원을풀-고 못보면 한-을품는 아
- 천하제 일의명 산 이로다
- 천하제 일의명
산 이로다 -

기다리는 마음

김민부 작사
장일남 작곡
Gm
f
p
pp
Gm
D7
Gm
Dm
일 출 봉 에 해 뜨 거 - 든 날 불 러 주
봉 덕 사 에 종 울 리 - 면 날 불 러 주
D7
Gm
Am
오 - 월 출 봉 에 달 뜨 거 - 든
오 - 저 바 다 에 바 람 불 - 면
Gm
D7
Gm
Gm
f
날 불 러 주 오 - 기 다 려 도
날 불 러 주 오 - 기 다 려 도
Cm
Gm
Gm7
Dm
D7
기 - - 다 려 도 임 오 지 않 고 -
기 - - 다 려 도 임 오 지 않 고 -
Gm
Am
Gm
D7
Gm
rit.
물 레 소 리 빨 래 - 소 리 에 눈 물 흘 - 렸 네 -
파 도 소 리 물 새 - 소 리 에 눈 물 흘 - 렸 네 -

기다림

이형자 작사
정인태 작곡

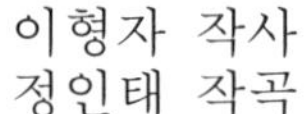

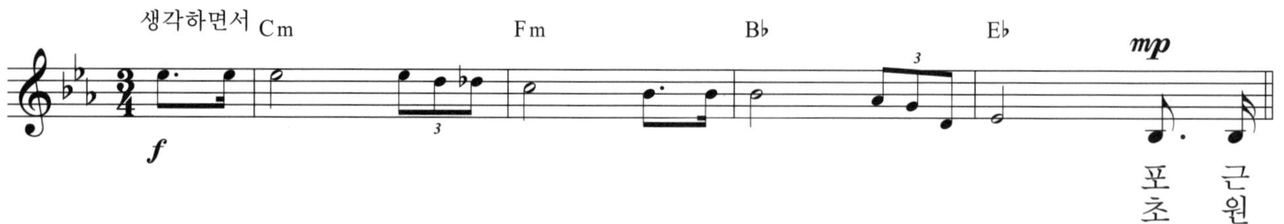

생각하면서 Cm
Fm
Bb
Eb
mp
f
포 근
초 원

Eb
Bb
Eb
한 구름속에 어슬한 저달빛은 소 나
의 푸르름은 자취를 저버리고 시 냇

Ab
mf
Bb7
Eb
무 가지새로 유-유 히 빛나고있건 만 애타
물 여울지는 소리만 이 귓전을울리 네 아스

(열렬 하게)
Ab
Eb
Bb
f
는 - 나의마음 그림의 시초인듯 무 한
란 - 까아만밤 공허를 알리지만 소 라

Eb
Ab
Bb7
rit.
Eb
한 침묵속에 살며시 두드리 네
빛 나의맘은 오-직 기-다 림

기억 속으로

문창배 작사/작곡
♩=86
N.C.
오후햇살마 -저- 지나간거-리-에 - 오랜기억들
언제부터인 -지- 알수는없 -지-만 - 오랜시간들
-은- 내곁에찾 -아와 ---- 뭐라고말은하지만 - 닮아갈
-이- 낯설게느 -껴져 ---- 돌이킬수는없겠지 - 우리는
수없는지 -난날 - 함께 느꼈던많 --은슬 -픔도 - 후회하진않 -았어
숨가쁜지 -난날 - 애써 지우려했 --던슬 -픔이 - - 끝나기전 -에는
-내 게돌아와 - 담고 싶은기억속으로 ---- 내 세
남겨진너 --의사 -랑이 ---흩 어져가기 -전에 - -랑이 ---미
소질수있 -도록 -
D.S. al Coda
록

기억이란 사랑보다

이영훈 작사/작곡

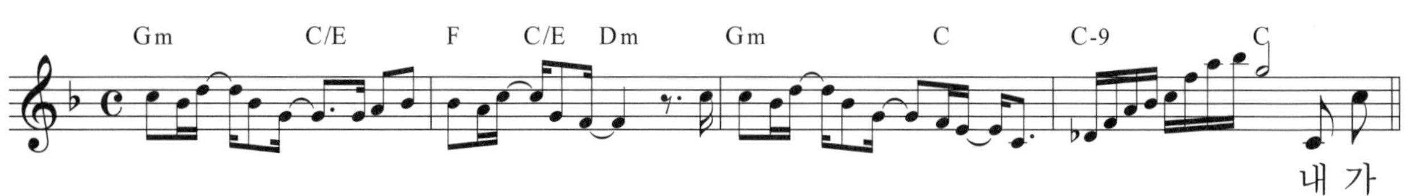
Gm   C/E   F C/E Dm   Gm   C   C-9   C
내 가

F   A/C#   Dm   D   Gm   D/F#
갑 자 기   가 슴 이 아 픈 건   그 대 내 생 각   하 고 계
갑 자 기   눈 물 이 나 는 건   그 대 내 생 각   하 고 계
갑 자 기   눈 물 이 나 는 건   그 대 내 생 각   하 고 계

Gm/F   C/F C   F   D7   Gm   D/F#   Gm/F C/E
신 거 죠 흐 리 던 - 하 늘 이 - 비 라 도 내 리 는 날 -   지 나
신 거 죠 함 박 눈 - 하 얗 게 - 온 세 상 덮 이 는 날 -   멀 지
신 거 죠 새 하 얀 - 눈 꽃 이 - 온 세 상 날 리 는 날 -   멀 지

F   G/F   Gbm G   C   G2m G   C
간 시 간 거 슬 - 러   차 라 리 오 세 요 내 가   라 리 오 세 요 이 렇
않 은 곳 이 라 - 면   차
않 은 곳 이 라 - 면   차

Gm7   C   F   Dm   Gm   C
게   그 대 가 들 리 지 않 을 - 말 들 을   그 대

F   Cm7 F   Bb   C/Bb   Dm   F/C   G/B
가 들 었 으 면 - 사 랑 이 란 맘 이 이 렇 게 남 는 건 지 기 억 이

란 사 랑 보 다 더 슬 - 퍼 기 억 이 란 사 랑 보 다 더 슬

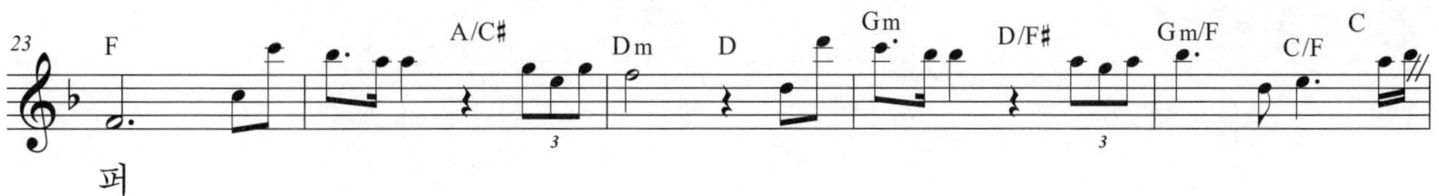
퍼

내 가
D.S. al Coda

// F.O.

길손

정진업 작사
조두남 작곡

꼬마야

이장수 작사
김창완 작곡
♩=76

꼬 마 - 야 - 꽃 신 신 고 강 가 에 나 나 가 보 렴 오 늘
야 - 너 는 아 니 보 라 빛 - 무 지 개 를 너 에

밤 - 엔 - 민 들 레 달 - 빛 춤 출 텐 데 너 는
마 - 음 달 려 와 서 그 빛 에 입 맞 추 렴 비 가

들 리 니 바 람 에 묻 어 오 는 고 향 빛 노 래 소 리 그 건 -
온 날 엔 밤 빛 도 퇴 색 되 어 마 음 도 울 적 한 데 그 건 -

아 마 도 불 빛 처 럼 예 쁜 마 음 - 일 거 야 꼬 마 -
아 마 도 산 길 처 럼 굽 은 발 길 - 일 거 야 꼬 마 -

야 - 꽃 신 신 고 강 가 에 나 나 가 보 렴 오 늘

밤 - 엔 민 들 레 달 빛 춤 출 텐 데 너 는

들 리 니 바 람 에 묻 어 오 는 고 향 빛 노 래 소 리 그 건 -

아 마 도 불 빛 처 럼 예 쁜 마 음 - 일 거 야 -

꽃구름 속에

Allegretto Brillante
박두진 작시
이흥렬 작곡
f
꽃 바 람 꽃 바 람 마 을 마 다 훈 훈 히 불 어 오
라 복 사 꽃 살 구 꽃 화 안 한 속 에
구 름 처 럼 꽃 구 름 꽃 구 름
화 안 한 속 에
f
꽃 가 루 흩 뿌 리 어 마 을 마 다 진 한
mp
꽃 향 기 풍 기 어 라
f
mf
rit.

추위와주림에시달리어 - 한겨우내 - 움치고
떨며살 - 아온 - 사람들 - 서러운애기 서러운애기
아 - - - 까맣게 잇고
꽃향에 꽃향에 취하
여 아득하니 꽃구름속에 쓰러
지게하여 - 라 나비처
럼쓰러지게하 - 여라 - -

꽃병

이 적 작사/작곡
생각나나요 - 아주 오래전 그대내 - 게줬 - 던 꽃 병 - - 흐드러지게핀검
붉은장미를가 - 득꽃 - 은 꽃 병 우리맘이꽃으로피어난다면바 -
로 너겠구 - 나 온종일턱을괴고바라보게한그 - 대닮 - 은꽃
병 시 절은흘러가 고 꽃 은시들어지 고
나와그대가함 께였다는게아 스라이흐려져 - 도 어느모퉁이라
도 어 느꽃을보아 도 나 의맘은깊게아려오네요그 -
대가 - 준꽃 병
생각나나요 - 아주 오래된 그대

D.S. al Coda

꿈꾸는 카사비앙카

이희승 작사
외국 곡
Cm Cmadd2 Cm B♭ Cm
꿈 꾸 는 카 사 비 앙 카
잊 지 못 할 그 리 움
E♭ Fm Cm
바 다 와 맞 닿 은 그 곳 에 붉 은 빛 의 부 겐 빌 레
그 댈 찾 아 길 을 나 서 면 와 인 빛 의 그 날 의 바
G Cm 1. Cm 2. Cm C7
아 그 대 를 기 다 리 네 네 석 양 은 물 드 는
다 나 처 럼 울 고 있
Fm Cm Fm
데 그 댄 어 디 쯤 있 나 늦 은 아 침 이 오 면 그
Dm7-5 G Cm
대 내 일 은 오 시 려 나 춤 추 는 카 사 비 앙 카 눈 물 의 언 덕 이
꿈 꾸 는 카 사 비 앙 카 바 다 와 맞 닿 은
E♭ Fm Cm G Cm 1.
되 - 어 그 리 움 을 간 직 한 채 로 아 련 한 꿈 을 꾸 네
그 곳 에 붉 은 빛 의 부 겐 빌 레 아 그 대 를 기 다 리
Cm 2. G G7 Cm Cmadd2
네 오 늘 도 기 다 리 네

나그네

박목월 작사
고희준 작곡
Andantino
강 나
루 - 건 너 서 - 밀 - 밭 길 을 구 름
에 - 달 가 듯 이 가 는 나 그 네 길 은
외 - 줄 - 기 - 남 도 삼 백 리
술 익
는 마 - 을 마 다 타 는 - 저 녁 놀 구 름
에 - 달 가 듯 이 가 는 나 그 네

난감하네

<아니리>남해용왕 병이 특별하여 아무리 약을 써도 백약이 무효라. 이때 용왕꿈에 신령 나타나
토끼간이 제약이라 일러주니 이 말 들은 용왕 별주부에게 명하기를 "토끼 를 잡아 오너라."하니
이 말 들은 별주부 말허기를

낭만에 대하여

Tango ♩=120
최백호 작사/작곡
A7 Gm Dm A7
Bb C F Em7(b5) A7 Dm A7 Dm
굿 은 - 비 내 리 는
새 빨 - 간 립 스 틱
밤 늦 - 은 항 구 에
첫 사 - 랑 그 소 녀
Bb C F
날
에 서 는
그 야 말 로 옛 날 식 다 방 에 앉 아
나 름 대 로 멋 을 부 린 마 담 에 - 게
그 야 말 로 연 락 선 선 창 가 에 서
어 디 에 서 나 처 럼 늙 어 갈 - 까
Gm7 Dm Em7(b5) A7
도 라 지 - 위 스 키 - 한 - 잔 에 다 - 짙 은 색 소 폰 - 소 리
실 없 이 - 던 지 는 - 농 담 사 이 로 - 짙 은 색 소 폰 - 소 리
돌 아 올 - 사 람 은 - 없 을 지 라 도 - 슬 픈 뱃 고 동 - 소 리
가 버 린 - 세 월 이 - 서 글 퍼 지 는 - 슬 픈 뱃 고 동 - 소 리
Dm A7 Bb Dm
들 어 보 렴
이 제 와 새 삼 - 이 - 나 이 에
이 제 와 새 삼 - 이 - 나 이 에

Gm   C   F   A7   Dm
17
실 연 의 달 콤 함 이 야 있 겠 - 냐 마 는   웬 지 한 곳 이
청 춘 의 미 련 - 이 야 있 겠 - 냐 마 는   웬 지 한 곳 이

20   A7   Em7(♭5)   A7
비 어 있 는   내 - - 가 슴 에   잃 어 버 린 것 에 대 하
비 어 있 는   내 - - 가 슴 에   다 시 못 올 것 에 대 하

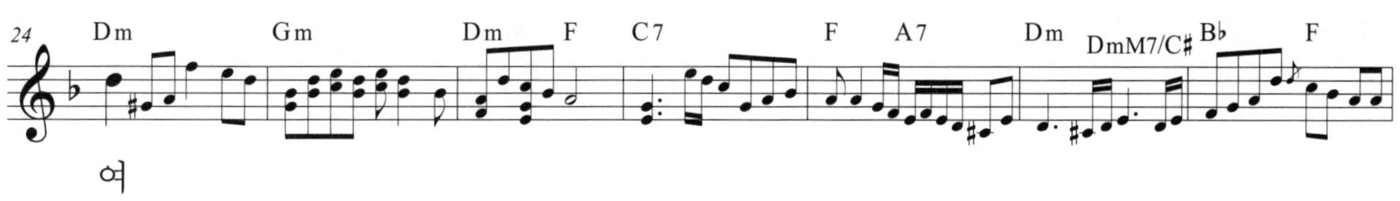

24 Dm   Gm   Dm   F   C7   F   A7   Dm DmM7/C# B♭   F
여

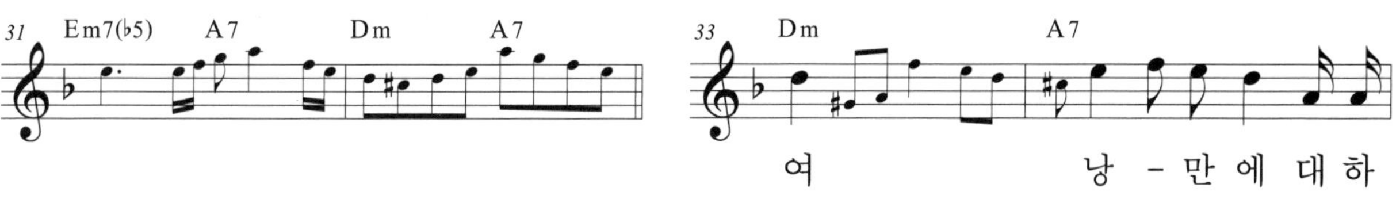

31 Em7(♭5)   A7   Dm   A7   33 Dm   A7
                                             여   낭 - 만 에 대 하

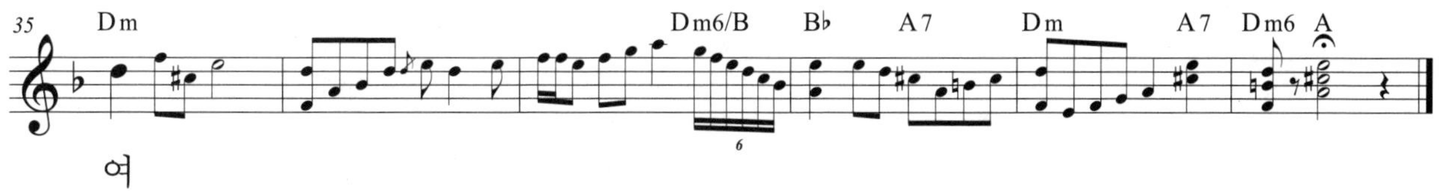

35 Dm   Dm6/B   B♭   A7   Dm   A7 Dm6 A
여

내 마음 갈 곳을 잃어

Slow Go Go
최백호 작사
최종혁 작곡
Em
B7
Em
E7
Am
D7
G
B7
Em
G
Am
D7
G
C
G
Am
B7
Em
B7
Em
D.S. al Coda
가 을 엔
가 을 엔 떠 나 지
말 아 요 -
낙 엽 지 면
서 러 움 이 더 해
요
차 라 리
하 얀 겨 울 에 떠 나
요
눈 길 을 걸 으 며 - 눈 길 을 걸 으 며 - 옛 일 을 잊 으 리
라
거 리 엔 어 둠 이 내 리 고 안 개 속 에 가 로 등 만
이 비 라 도 - 우 울 히 내 려 버 리 면 내 마 음 갈 곳 을 잃
어
가 을 엔
가 을 엔 떠 나 지 말 아 요 -
차 라 리
하 - 얀 겨 울 에 떠 나 요
하 - 얀 겨 울 에 떠 나 요

42

넬라 판타지아

나는 환상 속에서 모두 정직하고 평화롭게 사는 세상을 봅니다.
밤에도 어둡지 않은 밝은 세상을 봅니다.
친구처럼 편안하고 따뜻한 바람이 불어옵니다.
나는 꿈에서 떠다니는 구름처럼 항상 자유롭게 살 수 있습니다.
영혼 깊은 곳이 사랑으로 가득 찹니다.

노래는 나의 인생

박춘석 작사/작곡

아 득 히 머 -나 먼 길 을 따
기 -나 긴 길 을 따
라 -뒤 돌 아 보 -면 은 외 로 운 길 -비 를 맞 -으 며 험 한 길 헤 -쳐 서
라 -꿈 찾 아 걸 -어 온 지 난 세 월 -괴 로 운 -일 도 슬 픔 의 눈 -물 도
지 -금 나 여 기 있 네 -끝 없 이 가 -슴 에 묻 어 놓 고 - 나 와 -함 께 걸 어 가
는 - 노 래 -만 이 나 의 생 명 -언 제 까 -지 나 나 의 노 래 -사 랑 하
는 -당 신 있 -음 에 -언 제 까 -지 나 나 의 노 래 -아 껴 주 는 -당 신 있 -음
에 -아 득 히 머 -나 먼 길 을 따 라 -뒤 돌 아 보 -면 은 외 로 운 길 -비 를
맞 -으 며 험 한 길 헤 -쳐 서 지 -금 나 여 기 있 네 -
나 지 -금 나 - 여 기 있 네 -

누가 이 사람을 모르시나요

다보탑

김상옥 작시
오동일 작곡

대관령

신봉승 작시
박경규 작곡
Espressivo ♩=76

저 기 물 안 개 소 - 낙 비 아
빨 - 간 단 풍 으 로 색
저 기 찬 바 람 하 - 얀 눈 소
진 달 래 철 쭉 으 로 불

런 한 산 을 을 그 려 도 - 움 직 이 는 한 폭 의 비
칠 복 한 한 산 을 을 그 어 연 구 히 - 손 짓 하 며 한 우 릴 의 언
한 한 산 을 을 그 어 연 히 - 손 짓 하 며 우 릴 봄 은 머 언
타 는 산 을 구 름 도 - 수 줍 어 서 쉬 어

단 2.저 기 부 르 네 - 대 - - 관 -
데 4.저 기 넘 는 데 -

령 아 - 흔 아 - 홉 대 - - 관 령

구 - 비 구 비 는 - - - - - 내 - 인 생 보 - 슬 비 맞 -

으 면 서 - 나 그 네 가 되 라 네 네 -

D.S. al Coda

도라지꽃

최선기

호박넝쿨 속
너 어디서 나왔니

바람에 흔들리는
한 송이 도라지꽃

하늘을 호박잎에 내려놓으려나

도라지꽃

박화목 작시
윤용하 작곡

돌아가는 꽃

원키 Db
도종환 작시
임태규 작곡
Andante sostenuto ♩=66

긴 --밤-비에 - 꽃 ---피--더 니 -
그 -봄비에 -꽃---지-누-나 - -
그 ---대로인 하 여 온 --것-
들 -은 그 대 로 -- 인 -하 여 돌 아 --
가 - 리 - 돌 -아-가-리
그 ---대-곁에 - 있 -는것--

50

돌아가는 꽃

동백섬

김종경 작사
최영철 작곡

오 늘 밤 그 누 구 - 라 도   별 - 하 나 볼 수 있 - 다 면
우   우   우   우   우 우

그 러 면 착 한 시 인 하 나 - 불 러 다 시 여 기 오 게 - 하 리 라
D.C. al Coda

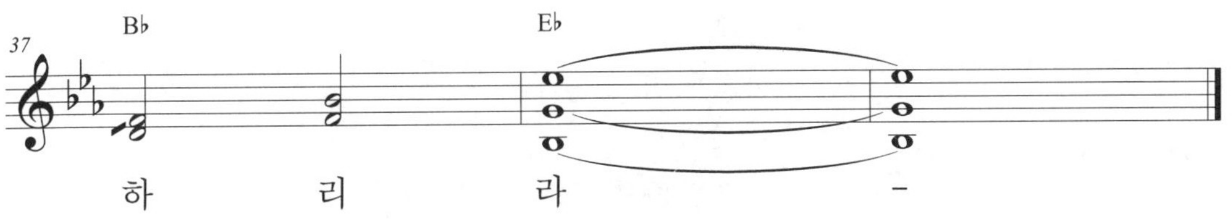

라   다 시 여 기 오 게 - 하 리 라   다 시 여 기 오 게 -

하   리   라   -

호명산 그리움

최선기

바람이 먼 시베리아 구름 불러
내 마음 흔들어서 호명산 자락 찾았어.

서리 맞은 누리장나무
시베리아 붉은 마음처럼 모습 보여
그를 나는 사랑하게 되었지.

이렇게.
　이렇게. 또 그렇게.

잣나무를 타고 내리는 그의 향이
캠퍼들 나누는 술잔 위로 흘러서
이야기되고 깊은 사랑 되니
모두 저절로 밝아지는 하얀 얼굴.

곧 눈 내릴 거야.
같이 가서 검은 발자국을 남겨
저 푸른 하늘에 올리듯
마음 놓기로 하자.

들길을 걸으며

나태주 작사
김정철 작곡
세상에와 그대를만난 건 그 얼마나 행-운이-었나 그 대 생
많고많은 사-람중에서 오직그대 그-대한-사 람 그 대 생
각 내-게머-물러 나의세 상은빛-나는세 상 어 제도들길을
각 내-게머-물러 나의세 상은따-뜻한세 상 어 제도들길을
걸 으 며 당 신생각했-어 요 오 늘도들길을걸 으 며
걸 으 며 당 신생각했-어 요 오 늘도들길을걸 으 며
당 신생각합-니 다 어 제 내발에밟힌풀잎이오늘 새롭게일어
당 신생각합-니
나 바 람 에떨-고있 는걸 나 는봅니 다 나 는봅니
D.C. al Coda
다 다 나도 당-신발에밟히어새 로운풀-잎이면 합 니다당
신앞에여리게떨리는 풀잎이면합니 다 풀잎이면합니 다

두 개의 작은 별

독일 민요
저 별은
나의별저별은 너의별별빛에 물들은밤같이 까 만눈 동자저별은 나의별저별은
너의별아침이슬 내릴때 까지 별이지고 - 동이트면 - 찬
란한태양이 창가에피는 - 귀여운미소 - 잊을수가없어
요 저별은 나의별저별은 너의별별빛에 물들은밤같이 까 만눈 동자저별은
나의별저별은 너의별아침이슬 내릴때까지 지난겨울 - 눈내
리면 - 창가에앉아서 다정히맺은 - 영원한약속 - 잊을
수 가없 어 요 저별은
지
D.S. al Coda

54

25
Eb Bb Eb Ab Bb Eb
오늘밤그누구-라도 별-하나볼수있-다면
우 우 우 우 우 우
29
Ab Bb Eb Ab Bb Eb
D.C. al Coda
그러면착한시인하나-불러 다시 여기오게-하리라

33
Eb Ab Bb Eb Ab Eb
라 다시 여기오게-하리라 다시 여기오게-

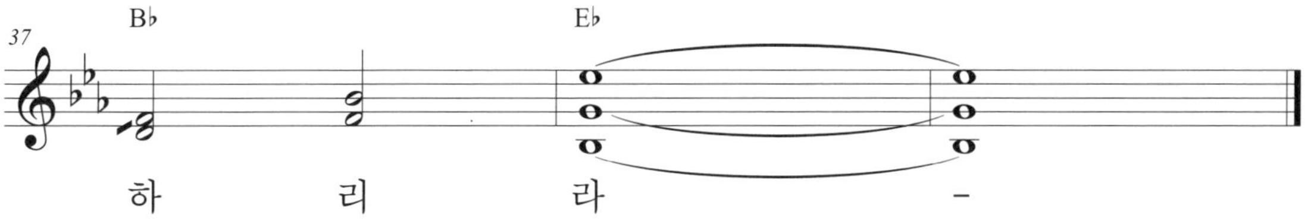
37
Bb Eb
하 리 라 -

마법의 성

김광진 작사/작곡
믿을 수 있나요 - 나의 꿈 속에서 - 너는
나 언제나 - 굳은 다짐뿐이죠 - 다시
마법에 빠진 공주란 걸 언제나 너를 향한 몸짓엔 - 수많은
너를 구하고 말 거라고 두 손을 모아 기
어려움 - 뿐이지만 --- 그러 도 했죠 끝없는 용기와 - 지혜를 달라고
- 마법의 - 성을 지나 - 늪을 건너 어둠의 동굴 속 멀리 그대
가 보여 이제 나의 손을 잡아 보 - 아 요 우리의 몸이 떠오르는 - 것
을 느끼죠 - 자유롭게 저 하늘을 날아가도 놀라지 말아
요 우리 앞에 펼쳐질 세상이 너무나 소중해 - 함께 라
D.S. al Coda
면 세상이 너무나 소중해 함께 있다 면

만약에

송재원 작사
이창희, 김준범 작곡
Ballad

만약에 - 내가간다면 - 내가다가간다 - 면 넌어떻게 - 생
각할까 - 용기낼 - 수없 - 고 - - 만약에 - 니가간다면 -
니가떠나간다 - 면 널어떻게 - 보내야할지 - 자꾸겁 - 이 - - 나는
- 걸 - - 내가바보 같아서 - 바라 볼수밖에만없는건 아마도 - 외면
할지도모할지도모 를니마음 또그래 서 더 멀어질사이가될까 봐정말바보
같아서 - 사랑 한다하지못하는건 아마도 - 만남 뒤에기다리는아픔 에 슬픈나
날들이 - 두려워서인가 - 봐 - - 봐내가바보 같아서 - 사랑
한다하지못하는 - 건 아마도 - 만남 뒤에기다리는아픔 에 슬픈나
날 들이 - 두려워서인 가 - 봐 -

57

마이 웨이

P. Anka, J. Revaux & C. Francois

샹송으로 만들어졌던 곡이 폴앵카가 프랭크 시나트라에게 헌정함므로써
은퇴하려던프랭크 시나트라를 다시 무대에 세운 에피소드를 가진 노래로
최선을 다하는사나이의 삶을 표현한 명곡입니다.

만남

박신 작사
최대석 작곡

이 지 말 아 사 - 랑 해 사 - 랑 해 너 를 - 너
를 사 랑 해
D.S. al Coda
돌 해 사 - 랑
해 사 - 랑 해 너 를 - 너 를 사 랑 해

메모리
（MEMORY）

Music by ANDREW LLOYD WEBBER
Text by TREVOR NUNN after T.S. ELIOT

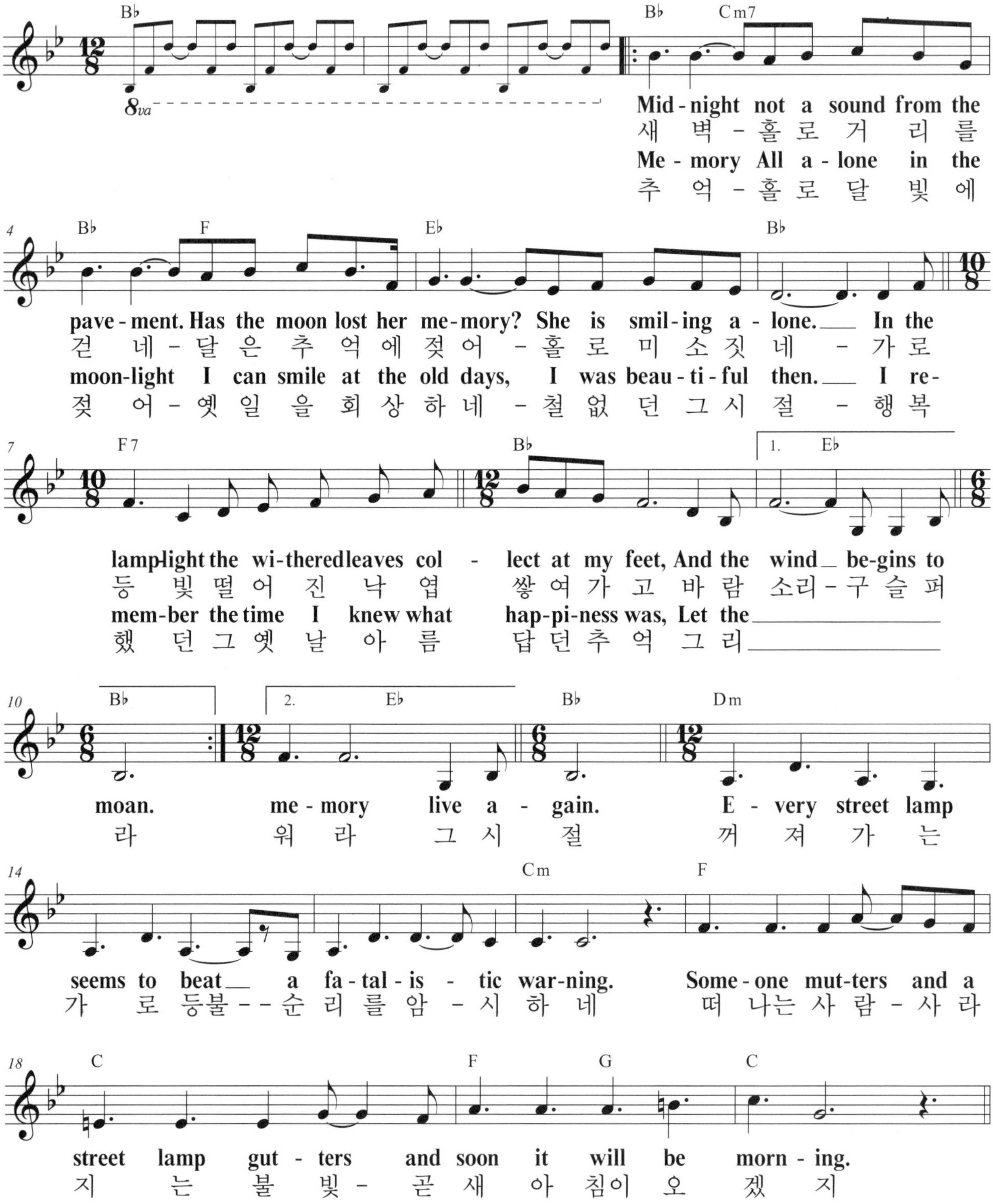

Day-light I must wait for the sun-rise, I must think of a new life And I must-n't give
영광-태양을 기다리며-새 삶 을 생각 하네-포기할 순 없
in.__When the dawn comes tonight will be a memo-ry too And a new day will be-
어-오늘 밤 도 여명 이르면 추억 속에 새 아 침 은 시작 되
gin.
리
Burnt out ends of smo-ky days,__ the stale cold smell of mor-ning. The
암 담 하고 외 로운 나날-- 싸 늘 한 아-침 공 기 가
streetlamp dies, an-o-ther night is ov-er,__ an-o-ther day is dawn-ing.
로 등 은 꺼-지고 밤 이지나면-새 날 이 밝 아 오 네
Touch me. It's so ea-sy to leave me__ All a-lone with the me-mory Of my days in the
나 의-손을 잡고 놓지 마-달 빛 은 너를 위해-길 잡 이 되잖
sun.__ If you touch me you'll un-der-stand what hap-pi-ness. is. Look a
니 -함께 가 면 다 시 그 시 절 찾 을 거 야. 보라, 찬
new day has be - gun.__
란 한 새 날 을__

모두가 사랑이예요

윤경아 작사
이주호 작곡

모 두 가 이 - 별 - 이 - 예 - 요   따 뜻 한 공 간 과 도 이 - 별
모 두 가 사 - 랑 - 이 - 예 - 요   사 랑 하 는 사 - 람 도 많 구 요

수 많 은 시 간 과 도 이 별 이 지 요 이 - 별 이 - 지 - 요 콧 날 이 - - 시 큰 해 지 고 눈 이
사 랑 해 주 는 사 - 람 도 많 - 았 어 요 모 두 가 사 랑 이 예 요 마 음 이 - - 넓 - 어 지 고 예 -

아 파 오 - 네 - 요 이 - 것 - 이 슬 - 픔 - 이 란 걸 나 - - 알 - 아 - 요
뻐 질 것 - 같 아 요 이 - 것 - 이 행 - 복 - 이 란 걸 나 - - 알 - 아 - 요

뚜 루 루 루 루 루 루 루 루 루 루 루 루 루 루   뚜 루 루 루 루 루 루 루 루 루 루 루 루   뚜 루 루 루 루 루 루 루 루 루 루 루 루 루 루   뚜 루 루 루 루 루 루 루 루 루
콧 날

이 - - 시 큰 해 지 고 눈 이 아 파 오 - 네 - 요 이 - 것 - 이 슬 - 픔 - 이 란 걸 난

- - 알 - 아 - 요 이 - 것 - 이 슬 - 픔 - 이 란 걸 난 - - 알 - 아 - 요

모란동백

이제하 작사/작곡

모차르트의 자장가
Wiegenlied

W.A.Mozart

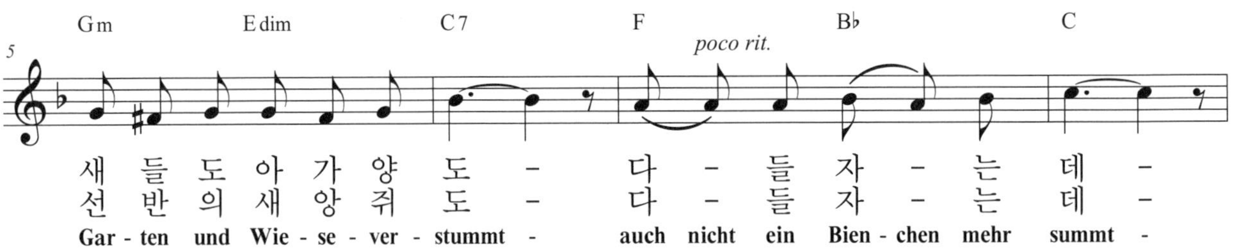

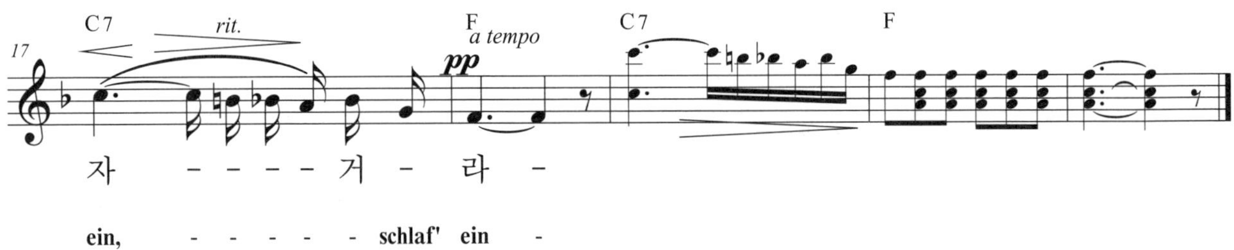

못잊어

박춘석 작사/작곡
♩=80
못 잊
어 못잊 어 못잊 을사 람이라 면 언
제 까 지 당신곁 에 나-를버 리고 살것 을 못잊
어 못잊 어 못잊 을슬 픔이라 면 사
랑 하 는 당신품 에 돌-아 가 서안 길-것을 낙엽
진 가 을 의눈 물 눈에덮 인긴 겨울 밤 못잊
어 못잊 어 당신 을 -못잊 어
D.C. al Coda
을 못 잊 어 -

못잊어

김소월 작시
하대응 작곡
못잊어 못잊어 못잊어못잊어생각이나겠지
요 못잊어 못잊어 못잊어못잊어생각이나 겠지 요
그런대로한세상 지내시구려 그런대로한세상 지내시 구려 사 노라면
사 - - 노 - 라 면 잊힐날잊힐 - 날 있 으리 - 다
못잊어 못잊어 못잊어못잊어생각이나 겠지 요
못잊어 못잊어 못잊어못잊어생각이나겠지 요 그런대로세월만
가 라 시 구 려 그런대로세월만 가라시구려 못잊어도 못 - - 잇 - 어도
더러는더러 - 는 잊히오리 다 그러나또한긋이렇 - 지요 그 - - 리워
살 - - 뜰히못잊는데 어쩌면 생각 - 이 떠 지나 - - 요

못다 핀 꽃 한송이

원키 Em
김수철 작사/작곡
♩=80

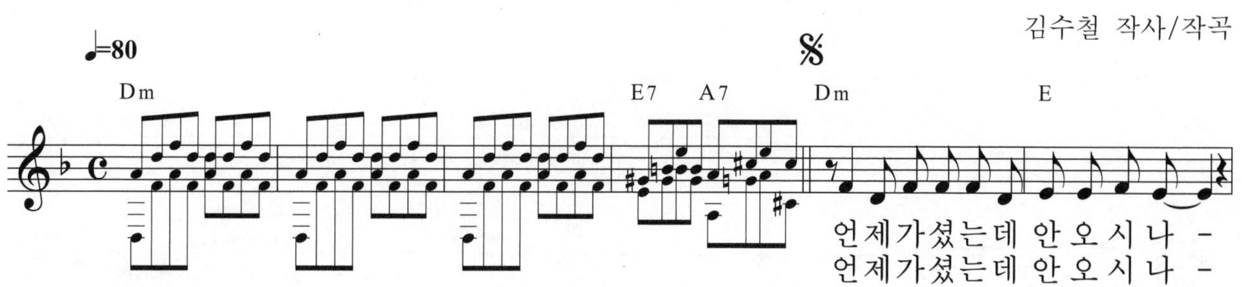
Dm   E7 A7   Dm   E
언제가셨는데 안 오 시 나 -
언제가셨는데 안 오 시 나 -

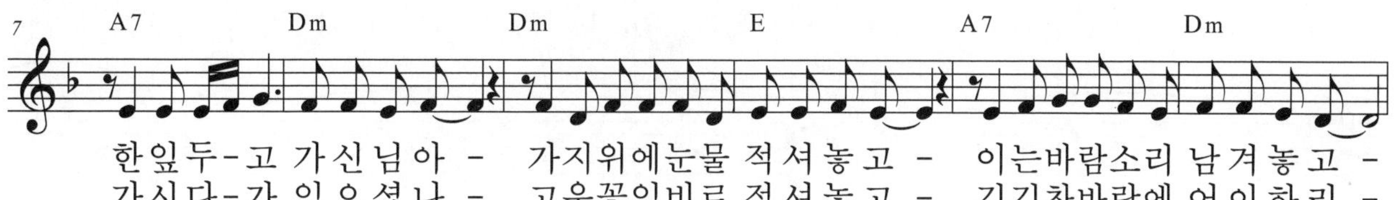
A7   Dm   Dm   E   A7   Dm
한잎두-고 가신님아 -   가지위에눈물 적셔놓고 -   이는바람소리 남겨놓고 -
가시다-가 잊으셨나 -   고운꽃잎비로 적셔놓고 -   긴긴찬바람에 어 이 하 리 -

Dm   D7   Gm   C7   F   Bb   F   Dm
앙상 한가지- 위 에 -   그잎새는한- 잎   달빛마저 - - 구 름 에 가 려
앙상 한가지- 위 에   흐느끼는잎- 새   꽃 한송이 - - 피 우 려 홀 로

E   A7   6   Dm   Bb   E   A7   Dm
외로움만더해가 네   밤새새소리에 지쳐버린 한잎마-저 떨어지려나-
안타까와떨고있 나   함께울어주던 새도지쳐 어디론-가 떠나간 - 뒤 -

Dm   Bb   E   A7   Dm
먼 곳 에 계 셨 어 도   피 우 리 라   못 다 핀 꽃 한 송 이 피 우 리 라 -
님 떠 난 그 자 리 에   두 고 두 고   못 다 핀 꽃 한 송 이 피 우 리 라 -

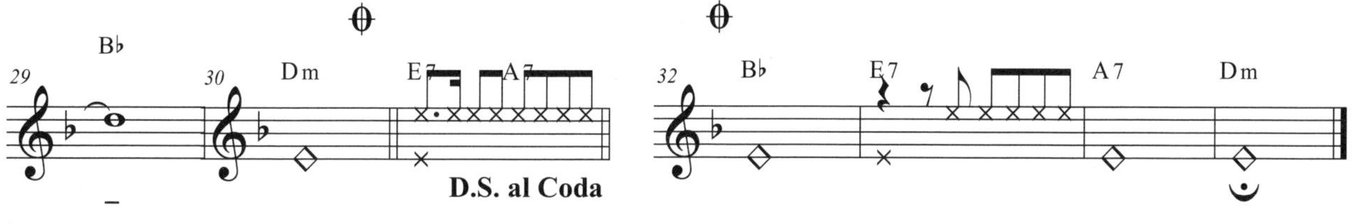
Bb   Dm   E7   A7   Bb   E7   A7   Dm
D.S. al Coda

무정한 마음

Andante Moderato con centimento
Salvatore Cardillo
Ca - ta - ri, - Ca - ta - ri, - per-che me
카 나 리 - 카 타 리 - 나 그 때
rall.
a tempo
poco rall.
di - ce sti pa - ro - lea - ma - re, per-che - me parle e'o co - re me tur-mien-te, Ca - ta - ri? Nun te scur-
사 원 으 로 찾 아 가 서 괴 론 - 내 맘 을 진 정 하 며 기 도 하 였 네 또 승 정
a tempo
affrett
da ca t'ag-gio da-te'o co - re, Ca - ta - ri, nun te scur - da!, Ca - ta - ri Ca - ta-
께 너 인 해 받 은 쓰 린 고 통 을 자 백 했 네 그 고 통 그 고
portato
ri, che ve-nea di - ce - re-stu par - la Ca me da spa-se-me? - Tu nun'-nce pien zea stu du-lo - re
통 이 기 지 못 하 여 내 맘 깨 어 진 것 아 는 가 - 그 승 정 우 는 나 를 위 로
rall.
mi - o, tu nun 'nce paen - ze, tu nun te ne co - - re, -
하 며 다 참 고 견 디 라 간 곡 히 말 했 네 -
a tempo
Co - re, co - re 'ngra - to, t'aie pi - glia - to'a vi - ta mi - a,
무 - 정 무 정 한 마 음 내 생 명 - 다 뺏 - 어 갔 네
tut - t'e pas - sa - toe nun' nce pien - ze chiu! -
지 나 간 옛 - 꿈 잇 기 원 하 네 -

문 리버
Moon River

Henry Mancini

뭉게구름
Moderato
이정선 작사/작곡
이 땅 이 끝 나 는 곳 에 서 - 뭉 게 구 름 이 - 되 어
하 늘 이 끝 까 지 가 는 날 - 맑 은 빗 물 이 - 되 어
저 푸 른 하 - 늘 벗 삼 아 - 훨 훨 날 아 다 니 리 라
가 만 히 이 땅 에 내 리 면 - 어 디 라 도 외 로 울 까
이 땅 에 끝 에 서 - 모 두 다 시 만 나 면 -
우 리 는 또 다 시 둥 글 게 - 뭉 게 구 름 되 리 라 -
두 - - - 두 - - - 두 - - 뚜 - 두 두 두 두 - - 두 두 뚜 -
두 - - 두 - - 두 - - 뚜 두 두 두 뚜 - 두 - - 두 - - 두 - - 두 뚜 -
우 리 는 또 다 시 둥 글 게 - 뭉 게 구 름 되 리 라 -

밀양 아리랑

경상도 민요

세마치장단
Am Am7 Am Am7 Am Am7 Em C F
날좀 보 - 소 날좀 보 - 소 날 좀 - - 보 - - 소 - - - -
정든 님 - 이 오셨 는 - 데 인 사 - 도 못 - - 해 - - - -

Am Dm7 Am G C Am Am7 Am
동 지 선 달 - - 꽃 본 듯 - 이 - 날 좀 - - 보 - 소 - - -
행 주 치 마 - - 입 에 물 - 고 - 입 만 - - 방 - 긋

Am Am7 Am Am7 Em C F
아 리 아 리 랑 쓰 리 쓰 리 랑 아 라 리 - 가 났 - - 네 - - - -

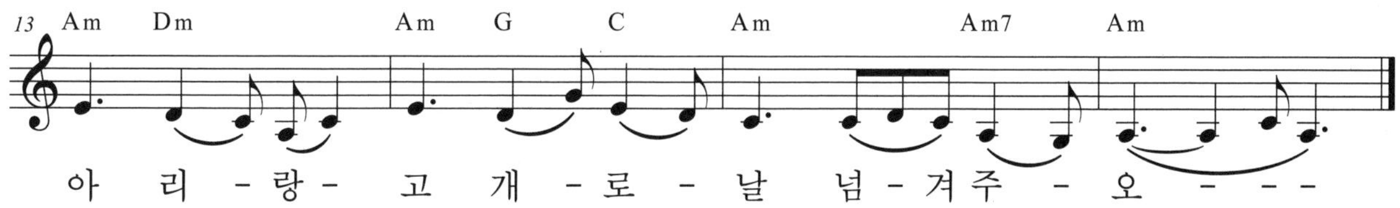

Am Dm Am G C Am Am7 Am
아 리 - 랑 - 고 개 - 로 - 날 넘 - 겨 주 - 오 - - -

바람이 그치면 나도 그칠까

바위 고개

이흥렬 작시/작곡

백학

Ya. Frenkel-R. Gamzatov, transi. by N.Grebnrv
♩.=57
B7 Em B7 Em
A
수
무
B7 Em
많은 전쟁 또 다툼 - 떠 도는 - 사 람 들 영 - 혼 - 떠
심한 하늘 을 향해 - 나 는 - 침 묵 해 야 하 는 가 - 피
B7 Em
돌 다 - 지 친 영 혼 - 백 학 으 로 - 변 - 했 다 네 - 낮
곤한 듯 - 허 공 을 날 으 는 - 지 친 백 학 - 의 - 나 래 는 - 날
B7 Em
선곳남의 땅에 묻힌 영 혼 - 그 렇 게 - 긴 - 세 월 - 흘 러 도 - 돌 아 오
품 고 날 아 가 리 하늘 나 라 - 우 리 도 - 거 - 기 서 - 만 나 리 - 새 날 이
Am B7 Em B7 Em
지 - 않 는 - - 님 이 여 - 학 이 되 어 - 날 아 - 다 니 네 - A___
밝아 - 오 면 - - 학 을 따 라 - 날 아 가 리 라 - 짙 은 - 안 개 속 -
B7 Em B7 Em
A___
B7 Em B7 Em

별빛 같은 나의 사랑아

설운도 작사/작곡

보랏빛 엽서

김연일 작사
설운도 작곡

보 - 라빛 엽서에 - 실 - 려온 향 - 기는 -
당 - 신의 눈물 - 인가 이 - 별의 마음인가 - - -
한 - 숨 - 속에 - 묻힌 - 사 연 - 지워보 - 려해도 -
떠 나 - 버린 당신 - 마음 붙잡 - 을수 - 없네 -
오 - 늘도 - 가버린 - 당 - 신의 - 생각엔 -
눈 - 물로써 - 내려간 - 얼 - 룩진일 - 기 장엔 - 다시
못 - 올 - 그대모 습 - 기 다 - 리는 - 사연 -

봄날은 간다

손로원 작사
박시춘 작곡

브람스의 자장가

Wiegenlied

J. Brahms

비처럼 음악처럼

원키 F

박성식 작사/작곡

노래 '사노라면'은 작자미상으로 전해져 오다가
오늘날 1966년 길옥윤 작곡자로 알려졌다. 2004년에 들어서서
가요평론가 박성서가 소장한 음반이 발견되면서다. 원래 제목은
'내일은 해가 뜬다'이다.

박정희 정권 당시 가사가 현실을 부정한다는 이유로
금지곡으로 지정되다가 대학가에서 학생들 의식화에 큰 영향력을
주기 시작하면서 운동권 노래로 불린다.
1980년대에 접어들면서 학생운동이 활발해지면서 민중가요로
폭넓게 불려지면서 크게 역주행하는 노래가 되었다.
1987년 전인권, 허성욱의 발표한 '추억들국화'에 수록하였고
그 후 크라잉 넛, 레이지본, 체리필터, 싸이 등 많은 가수들이
리메이크하기도 하였다.

그 후 2010년대 즈음 MBC '나는 가수다'에 박정현이 불렀을 때까지
가사는 작자미상으로 표기되고, 길옥윤 작곡으로 표기되어 정확하게
정리될 때까지 이 책에서는 작자미상으로 놓기로 하였다.

사노라면

작자 미상

Slowly-Disco Polka
사 노 라 면 언 젠 가 는
비 가 새 면 작 은 방 에
밝 은 - 날 도 오 겠 지 흐 린 날 도 날 이 새
새 우 - 잠 을 잔 대 도 고 운 - 님 함 께 라
면 해 가 뜨 지 않 더 - 냐 새 파 랗 게
면 즐 거 웁 지 않 더 - 냐 오 손 도 손
젊 다 는 게 한 밑 천 인 데 쩨 쩨 하 게 굴 지 말 고 가 슴 을
속 삭 이 는 밤 이 있 는 한 쩨 쩨 하 게 굴 지 말 고 가 슴 을
쫙 펴 라 내 일 은 해 가 뜬 다 내 일 은 해 가 뜬 다
쫙 펴 라 내 일 은 해 가 뜬 다 내 일 은 해 가
내 일 은 해 가 뜬 다 내 일 은 해 가 뜬 다
D.S. al Coda
뜬 다

사랑으로

이주호 작사/작곡
Slow Go Go ♩=78
내 가
살 아 가 - 는 - 동 안 에 할 일 이 또 하 나 있 지 바 람
부 는 벌 - 판 에 서 있 어 도 나 는 외 롭 - 지 않 아 그 러
나 솔 잎 - 하 나 떨 어 지 면 눈 물 따 라 흐 르 고 우 리
타 는 가 - 슴 - 가 슴 마 다 햇 살 이 다 시 떠 오 르 네 아 -
영 원 히 변 치 않 - 을 우 리 들 의 사 랑 으 로 어 두
운 곳 에 손 을 내 밀 어 밝 혀 주 리 라

내 가
라 아 - 라 - 아 아 영 원 히 변 치
않 - 을 우 리 들 의 사 랑 으 로 어 두 운 곳 에 손 을
내 밀 어 밝 혀 주 리 라 아 - 라 - - - - 라 - -
- - - 우 리 들 의 사 랑 으 로 어 두 운 곳 에 손 을
내 밀 어 밝 혀 주 리 라 - -
D.S. al Coda

사랑을 위하여

김종환 작사/작곡
아 침에 잠에서 깨어 너를바 라볼수있다면 물안
개 피는 강가에 서서 작은
미소로너를부르리 - 하루 를-살아도-행복 할수있다 면나는
이-우리를-힘들게-하여도우리
아플때보다-네가 아파할때가내-
사-랑앞에-나는옷을벗었다거짓
그 길을 택하고-싶어 세상 둘은 변하지-않아 너를
의옷을벗어버-렸다
가 슴을 철들게-했고
사 랑하기에 저-하늘끝에 마지막남은진실하나로- 오래

두 어도 진정 변하지않 는 사랑으 로남게해주오 -

D.S. al Coda
내 가

- 너를
- 사랑으 로남게해주 오
D.SS al Double Coda

사랑의 꿈

김효근 작시/작곡

밤은 깊어 고요히 차 - 고 달빛 흐르는 데 아름다운 그
대 모습 영원 속에 비추 - 라 그대 숨길 스치 는 곳 - 에
꿈의 노래 일고 그대 눈길 머무 는 곳에 사랑이 어
라 음 - - 밤은 깊어 만 가 고 - 그대 향한 내
노 래 - 멀리 퍼져 갈 때________ 음 - -
살며시 눈 감으 면 - 내 마음에 사랑의 꿈 흘러라

꿈도잠든 고요한 이-밤 별빛흐르는데
아름다운그대모습 사랑이어라 음--
밤은깊어만가고 - 그대향한내노래 - 멀리퍼져갈때
음-- 살며시눈감으면 - 내마음에
사랑의꿈흘러라 꿈도잠든 고요한 이-밤
별빛흐르는데 잠못이룬나의노래 끝이없어
라 음 음 음

사랑의 서약

김광진 작사/작곡

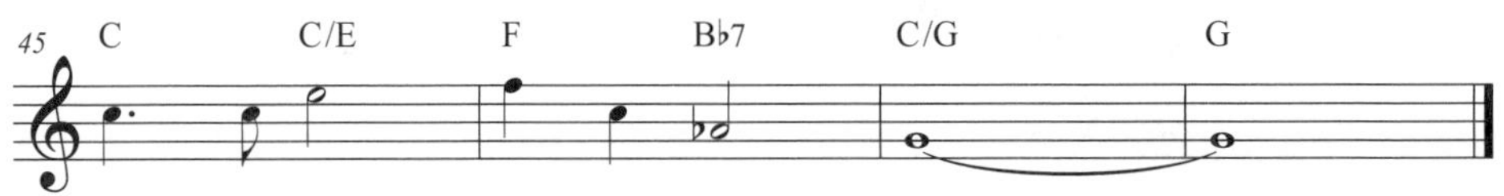

D.S.

사랑의 찬가

M.monnot
하늘 이 무너져 버리고 땅이
다 가운 명의 신 이 당신
꺼져 버린다 해도 그대 가 날 사랑한 다면 두려 울 것 없 으리 캄 캄
을 뺏 아간다 해도 그대 만날 사랑한 다면 영원 에 라도 가 리 그러
한 어둠 에 싸 이며 세상 이 뒤 바뀐다 해 도 그대 가 날 사랑한 다면 무슨
다 가운 명의 신 이 당신 을 데려 간다 해 도 그대 만날 사랑한 다면 영원
상관 이 있 - 으리 오 그대 가 원한다면 이 세상 끝 까지 따라 가겠 어요 하늘
에 라도 따라
의 달 이라도 눈 부신 해 라도 따다 바치겠 어요 그대 가 원한다면 아 끼던 나의 것 모두
버 리 겠 어요 비록 모든 사람 이 비 웃는 다 해도 오직 그대 를 위 해 그러
D.S. al Coda
가 리 다 -

사랑이라는 이름을 더하여

사랑하는 이에게

박은옥 작사
정태춘 작곡

상록수

김민기 작사/작곡

저들에 푸르른
서럽고 쓰리던
우리들 가진 것

솔잎을 보라
지난날들도
비록적어도

돌보는 사람도
다시는 다시는
손에손 맞잡고

하나없는 데
오지말라고
눈물흘리니

비바람 맞
땀흘리리
우리나갈

고
라
길

눈보라쳐도
깨우치리라
멀고험해도

온누리끝까지
거치른 들판에
깨치고 나 - 가

맘껏푸르라

솔잎되리라

D.S. al Coda

끝내이기리라

우리나 갈 길

비록적어도
손에손 맞잡고
눈물 흘리니

우리나갈 길
멀고험해도
깨치고나 가
끝내이기리다

깨치고 나 가
끝내이기리 라

원키 A
서른즈음에
강승원 작사/작곡
또 하 루 멀 어 져 간
다 내 품 은 담 배 연 기 처 럼 작 기 만 한 내 기 억 속 에
무 얼 채 워 살 고 있 는 지 점 점 더 멀 어 져 간 다 머 물 러 있 는 청 춘 인 줄
알 았 는 데 비 어 가 는 내 가 슴 속 엔 더 아 무 것 도 찾 을 수 없 네 계
절 은 다 시 돌 아 오 지 만 떠 나 간 내 사 랑 은 어 디 에 내 가 떠 나 보 낸 것 도
아 닌 데 내 가 떠 나 온 것 도 아 닌 데 - 조 금 씩 잊 혀 져 간
다 머 물 러 있 는 사 람 인 줄 알 았 는 데 또 하 루 멀 어 져 간
다 매 일 이 별 하 면 살 고 있 구 나 매 일 이 별 하 고 살 고 있 구
나 매 일 이 별 하 며 살 고 있 구 나 나
D.S. al Coda

석굴암

최재호 작사
이수인 작곡
Andantino (표정을 지니고)
토 함
산 - 잦은고개 돌아보면 쪽빛동해 낙락한 장송등
걸 다래넝쿨휘감기고 다람쥐 자로앞질 러 발을
멋 게하-여라 한 고비 또한고
비 올라서 면넓은한계 스러진 신라천년 꿈도
서 려감도는가 막달아 아늑한여기 - 굴 이 하나열렸
네 췌 뿌
리 -엉긴흙을 둘러막은 십육나 한 차가운 이끼속
에 푸른숨결들려오고 연좌 에 앉으신님 은 웃음
마 저좋으셔-라

96

섬마을 선생님

이경재 작사
박춘석 작곡
해 - - 당 화
구 - - 름 도
피 고 지 - 는 섬 - - 마 을 - - - 에 -
쫓 겨 가 - 는 섬 - - 마 을 - - - 에 -
철 새 따 라 찾 - - 아 - 온 총 - 각 - 선 - 생 - - -
무 엇 하 러 왔 - - 는 - 가 총 - 각 - 선 - 생 - - -
님 - 열 아 홉 살 섬 색 - 시 가 순 정 - 을 - 바 쳐
님 - 그 리 움 이 별 - - 처 럼 쌓 이 는 바 닷 가 에
사 - 랑 한 - 그 이 - 름 은 총 각 - 선 생 님 서 울 - - 엘 랑 -
시 - 름 을 - 달 래 - 보 는 총 각 - 선 생 님 서 울 - - 엘 랑 -
가 지 를 마 - 오 가 - 지 - 를 - 마 - - - 오 -
가 지 를 마 - 오 가 - 지 - 를 - 마 - - - 오 -

슈베르트의 세레나데

Serenade

F. Schubert

Moderato

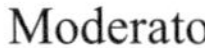

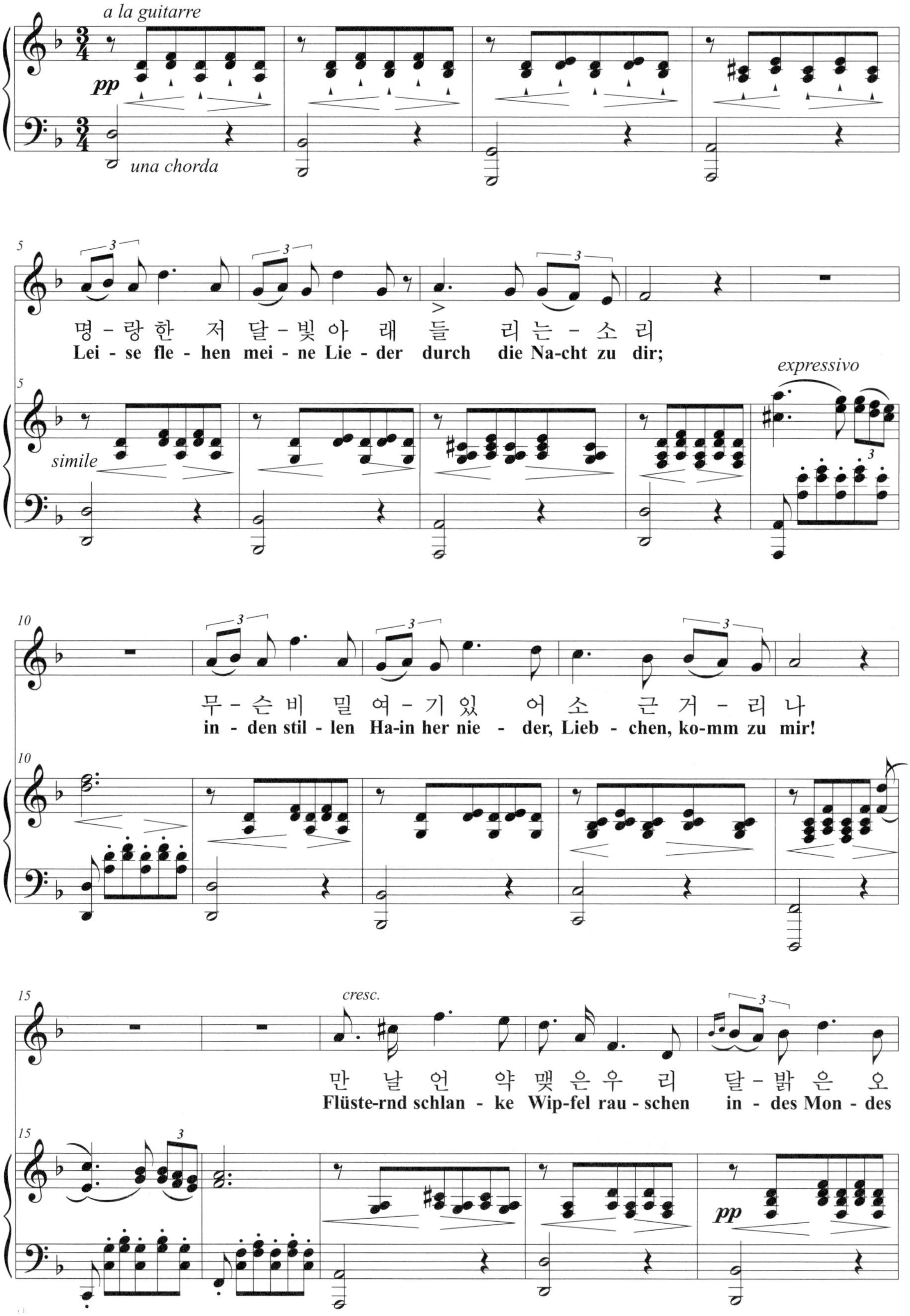

늘 달-밝은 오늘 우리서로잠시라도
Licht, in - des Mon - des Licht, des Ver-rä - thers feind-lich Lau - schen
잇 - 지 못 하 여 잇 - 지 못 하 여
fürch - te, Hol de, nicht, fürch - te, Hol de, nicht,
수 - 풀쌓 여덮-힌 곳에 따 뜻한-우정
Hör-st die Nach - ti - gal - len schla-gen? ach! sie fle - hen dich

적 - 막한 밤 달 - 빛아 래 꿈 을 꾸 - 었 네
mit - der Tö - ne sü - ßem Kla - gen fle - hen sie - für mich!

밤 은 깊 고 고요한 데 들 - 리는 소
Sie ver-steh'n des Bu-sens Seh - nen, ken - nen Lie - bes

리 들 - 리는 소 리 들 려 오 는 그 의 소 리
schmerz. ken - nen Lie - bes schmerz? rüh-ren mit den Sil-ber-tö - nen

들 - 려 오 지 만 분명치않 구 나 오 라 는 가 나 의
je - des wei - che Herz, je - des wei - che Herz, Lass auch dir die Brust be-

mf
f
a trifle faster
pp
mf
p
cresc.

친 구 들 리 는 곳 에 타 는 듯 -한 나 의 생 각
we - gen, Lieb-chen, hö-re mich, be - bend harr'- ich dir ent-ge-gen!
기 -다 리 는 너 잊 을 수 없 구
komm,- be-glü cke mich, komm,- be-glük - ke
나 – 나 의 친 구
mich, - be - glük - ke mich!

시간에 기대어

최진

언덕 너머 어딘가 그대가 살고 있을까 계
절이 수놓은 시간 이란 덤 위에 너와 난 - 나약한 사람 바
람이 닿는 여기 - 어딘가 우리는 남아 있을까 연습
이 없는 세월의 무게만큼 더 너와 나 - 외로운 사람 설
움이 닿는 여기 - 어딘가 우리는 살아 있을까 후회
투성이 - 살아온 세월만큼 더 너와 난 - 외로운 사람 난 기억
하 오 난 추억 하오 소원해져 버린 우리의 관계도 사랑하

오 변해버린그--대모습 그리워하고 또 잊어야하는- 그
시 간 에 기 댄 우 리
사 랑 하 오 세 상 이 하 얗--게 져 도
덤 으 로 사 는 반 복 된 하 루 - 가
난 기 억 하 오 난 추 억 하 오 소 원 해 져 버 린 우 리 의
관 계 도 사 랑 하 오 변 해 버 린 그 대 모 습 그 리 워 하 고 또
잊 어 야 하 는 그 시 간 에 기 댄 우 리 - 그
시 간 에 기 댄 우 리

신고산타령

함경도 민요

신 고 산 이 우 르 르 함 흥 차 떠 나 는 소 리 에
삼 수 갑 산 머 루 다 래 얼 크 러 설 크 러 졌 는 데
가 을 바 람 소 슬 하 니 낙 엽 이 우 수 수 지 고 요
구 고 산 큰 애 기 밤 봇 짐 만 싸 누 나
가 지 가 지 산 새 들 이 절 로 쌍 쌍 이 나 누 나
귀 뚜 라 미 슬 피 울 어 고 향 생 각 이 나 누 나
어 랑 어 랑 어 허 야 어 허 야 더 허 야
그 리 운 내 사 랑 이 로 다

Think of Me

Allegretto
Andrew Lloyd Webber
Think of me think of me fond - ly when we've said good - bye. Re-
mem-ber me ev - 'ry so of - - - ten pro - mise me you'll try
when you find - that once a - gain you long - to take your heart back and be free if you
e - ver find a mo - ment spare a thought for me. Think of all the things We've
shared and seen don't think a - bout the things which might have been
Think of me think of me wak - ing si - lent and re - signed Im-
a - gine me try - ing too hard - to put you from my mind Re-
call those days - look back on all those times - think of the things we'll ne - ver do There will
ne - ver be a day when I won't think of you

아득히 먼 곳

이웅수 작사
송골매 작곡
찬 바람 비껴 불어 이르는 곳에 마음을 두고온 것도 아니라오
황금빛 저녁노을 내리는 곳에 사랑이 머무는 것도 아니라오
먹구름 흐트러져 휘도는 - 곳에 미련을 두고온 것도 아 - 니라오
호숫가 푸른 숲속 아늑한 - 곳에 내 님이 머무는 것도 아 - 니라오
아 - 어쩌다 - 생각이 - 나면 - 그리운 사람 있어 밤을 지새고 가
만히 생각하면 아득히 먼 곳이라 허전한 이 내 맘 - 에 눈물 적시네 -
D.S. al Coda
아 - 어쩌다 - 생각이 - 나면 - 그리운 사람 있어 밤을 지새고 가
만히 생각하면 아득히 먼 곳이라 허전한 이 내 맘 - 에 눈물 적시네

아침 이슬

김민기 작사/작곡
긴
밤 지새우고 풀잎마다 맺힌 진
맘에 설움이 알알이 맺힐 때 아
주 보다 더 고 - 운 아침 이슬처 - 럼 내
침 동산에 올 - 라 작
은 미소를 배운다 태양은 묘지 위에 붉
게 떠오르고 한낮의 찌는 더위는 나의
시련일지라 나 이제가노라 저
거친 광야에 서러움 모두 버리고 나
이제가노라
라
D.S. al Coda

아베 베룸 코르푸스

Ave verum corpus

Mozart

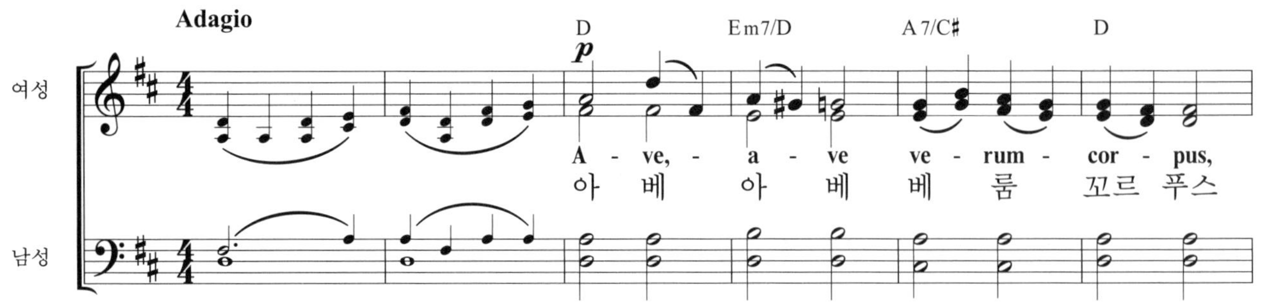

Ave Verum Corpus(거룩한 성체)는 친구 안톤 슈톨을 위해 썼습니다.
'그리스도를 십자가에 못박음'에 대해 인간과 우주의 화해에 대한 마음이었습니다.
46소절의 이 곡은 성가의 보석입니다.

아침의 노래
김옥순 작사
임수연 작곡

아 카 시 아 향 기 솔 솔 모 아 요
지 저 귀 는 참 새 불 러 모 아 요

방 울 방 울 풀 잎 에 이 - 슬 모 아 요 이 제 막 잎 을 여 는 클 로 버 오 세 요
뻐 꾹 뻐 꾹 동 산 에 새 소 리 모 아 요 이 제 막 깨 어 난 - 나 뭇 잎 오 세 요

맑 은 소 리 고 운 소 리 함 께 불 러 요 라 라 라 라 랄 라 라 라 라 라 라 숲 속
맑 은 소 리 고 운 소 리 함 께 불 러 요

에 울 려 퍼 지 는 꽃 의 노 래 라 라 라 라 랄 라 라 라 라 라 라

맑 게 퍼 지 는 아 침 의 - 노 - 래 - 아 카 시 아 향 기
지 저 귀 는 참 새

랄 라 랄 랄 랄 라 랄 랄
솔 솔 모 아 요 방 울 방 울 풀 잎 에 이 - 슬 모 아 요 이 제 막 잎 을 여 는
불 러 모 아 요 뻐 꾹 뻐 꾹 동 산 의 새 소 리 모 아 요 이 제 막 깨 어 난 -

랄 라
1. 맑 은 소 리 소 운 소 리 함 께 불 러 요 2. 맑 은 소 리 고 운 소 리
클 로 버 오 세 요
나 뭇 잎 오 세 요

- 함 께 불 러 요 - - -

110

여백

김종환 작사/작곡

D.S. al Coda

111

Yesterday

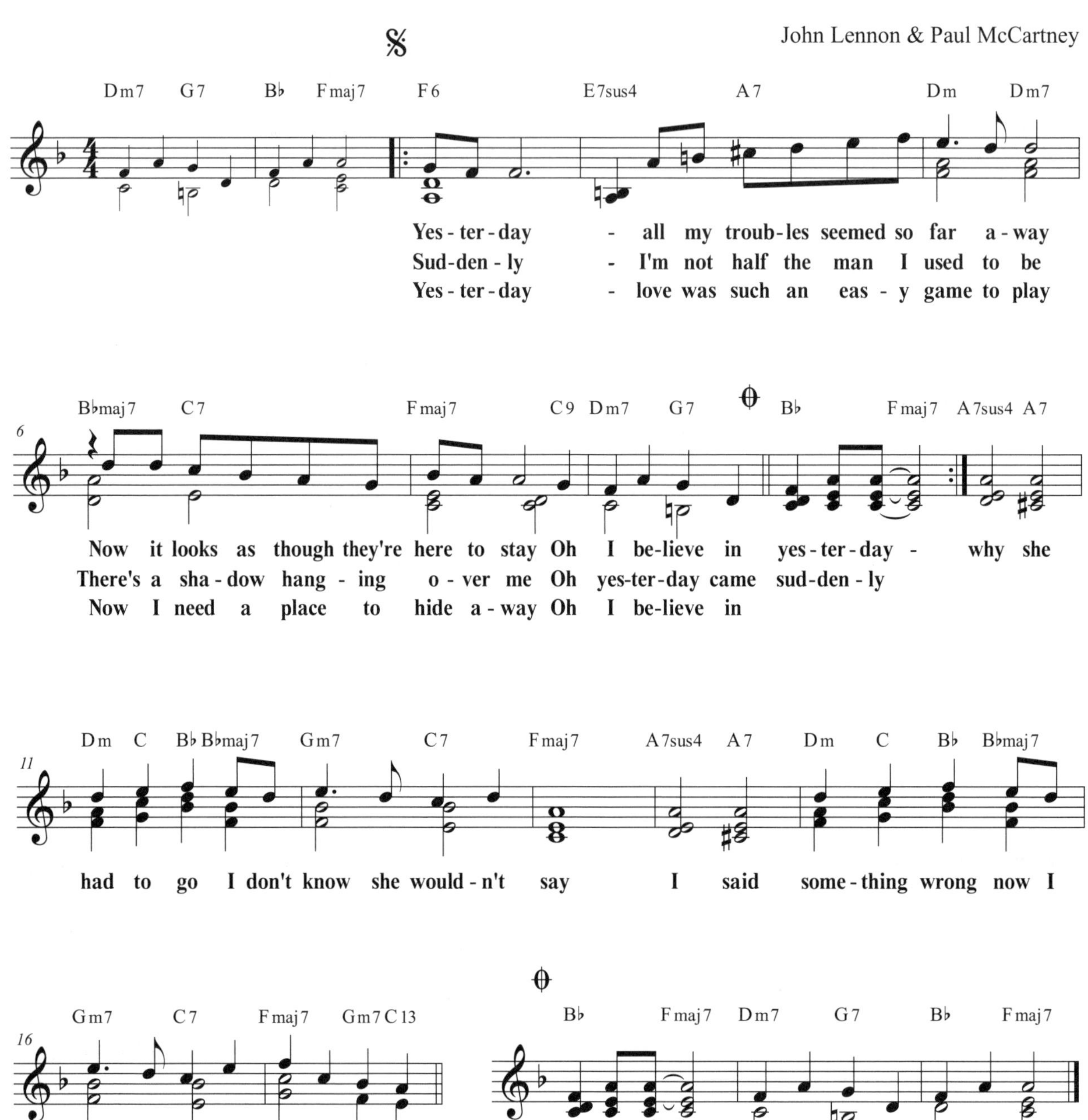

John Lennon & Paul McCartney

Dm7 G7 B♭ Fmaj7 F6 E7sus4 A7 Dm Dm7

Yes - ter - day   - all my troub - les seemed so far a - way
Sud - den - ly   - I'm not half the man I used to be
Yes - ter - day   - love was such an eas - y game to play

B♭maj7 C7 Fmaj7 C9 Dm7 G7 B♭ Fmaj7 A7sus4 A7

Now it looks as though they're here to stay Oh I be - lieve in yes - ter - day - why she
There's a sha - dow hang - ing o - ver me Oh yes - ter - day came sud - den - ly
Now I need a place to hide a - way Oh I be - lieve in

Dm C B♭ B♭maj7 Gm7 C7 Fmaj7 A7sus4 A7 Dm C B♭ B♭maj7

had to go I don't know she would - n't say   I said some - thing wrong now I

Gm7 C7 Fmaj7 Gm7 C13 B♭ Fmaj7 Dm7 G7 B♭ Fmaj7

D.S. al Coda

long for yes - ter - day - - -   yes - ter - day - Mm mm mm mm mm mm mm

옛사랑

Slow GoGo

백순진 작사/작곡

오! 찰리, 내 사랑
Oh, Charlie is My Darling

Scotch Air

다 운 내 사 랑 오 찰 리 는 내 사 랑 언
dar - ling, my dar - ling, Oh, Char - lie is my dar - ling, the

제 까 지 나 고 제 까 지 나 번
young Che - va - lier! As 제 까 지 나 Wi'

쩍 이 는 창 칼 차 고 나 라 를 지 키 려 수
Hie - land bon - nets on their heads, And clay - mores bright and clear They

많 은 용 사 들 이 찰 리 와 함 께 왔 - 네 오 -
came to fight for Scot-land's right, And - the young Che - va - lier. Oh, -

찰 리 는 내 사 랑 정 다 운 내 사 랑 오
Char - lie is my dar - ling, my dar - ling, my dar - ling, Oh,

찰 리 는 내 사 랑 언 제 까 지 나
Char - lie is my dar - ling, the young Che - va-lier.

우리 그렇게 살자

박수진 작사
김애경 작곡

울게 하소서

G. F. Handel

117

You raise me up

Words by Brendan Graham
Music by Rolf Lovla

음악에

쇼버 작사
슈베르트 작곡

Moderato

아 름 답 고 즐
누 가 타 고 있
Du hol - de Kunst, in

거 운 예 - 술 - 이 여
는 가 락 - 인 - 지 -
wie - viel grau - en - Stun-den,

마 음 이 서 글 퍼 진
뉘 지 은 가 락 인 지
wo mich des Le - bens wil - der

어 - 두 운 때
몰 - 라 - 도
Kreis - um - - strickt,

고 운 가 락 - 고 -
꿈 과 같 이 - 끌 -
hast du mein Herz - zu -

요 히 들 - 으 - 면 - - 언 제 나 즐 거 - 운 맘 숫 -
려 서 어 - 느 - 덧 - - 불 타 는 정 열 - 의 그 나 -
war - mer Lieb'- - ent - zun - den, hast mich in ei - ne - bess' - re Welt ent -

아 나 내 방 황 하 는 맘 사 라 진 다
라 로 내 마 음 끌 리 어 갑 - 니 다
rückt. - in ei - ne bess' - re Weh - ent - rückt!

이렇게 살아가래요

정용원 작사
차영희 작곡

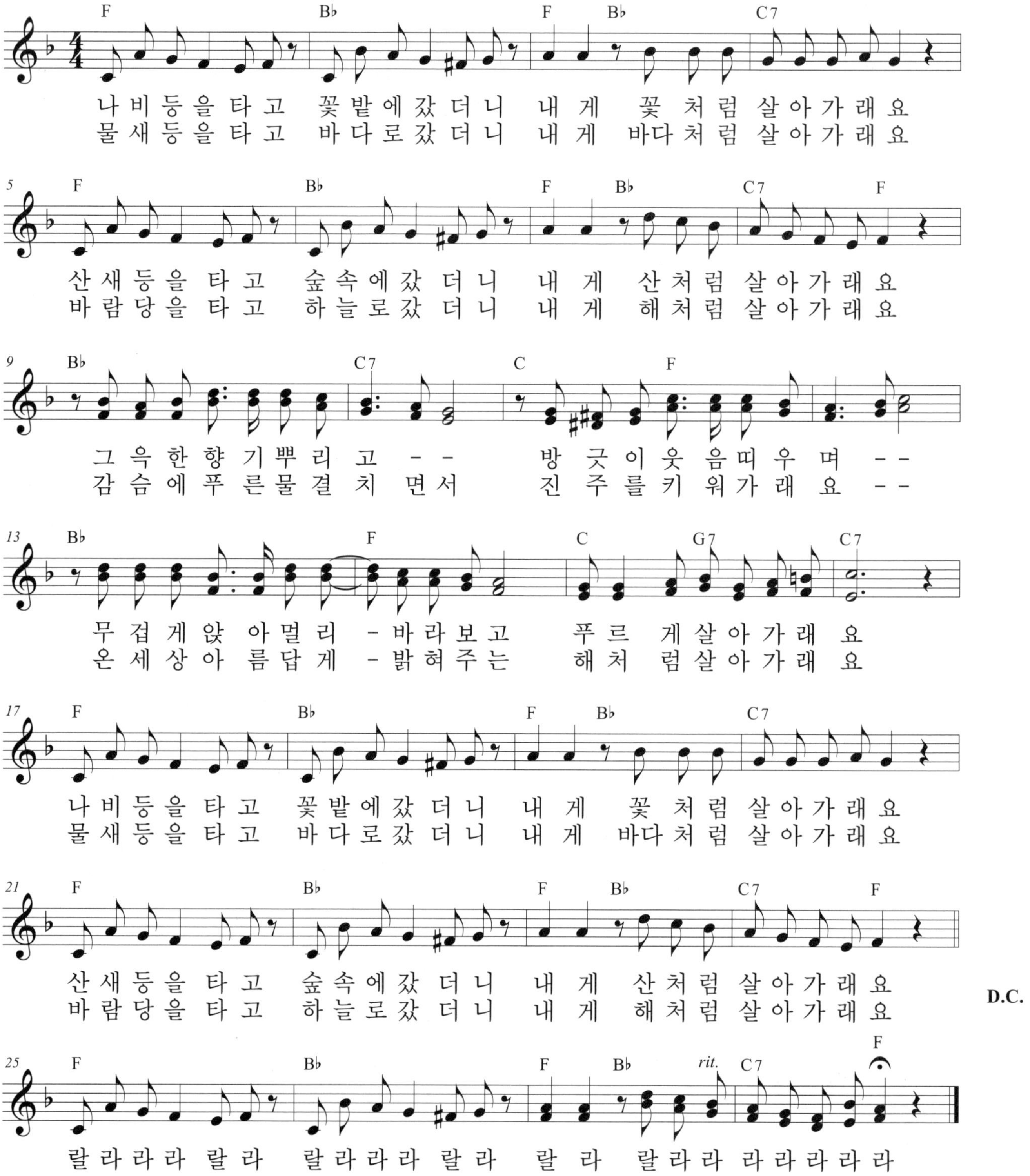

이매진
Imagine

John Lennon

영국인들이 지난 50년간 가장 인기 있는 노래로 2위.
영화 '킬링필드'의 엔딩 타이틀로 사용되었습니다.

천국이 없다고 상상해 보세요/하려 한다면 쉬운 일이죠/지옥이 없다고 상상해 보세요/우리 위에는 오직
하늘만이 있죠/하루하루 살아가는/모든 사람들을 상상해 보세요/세상에 나라들이 없다고 상상해 보세요/
그렇게 어려운 게 아니에요/죽이는 일도 죽어야 할 일도 없는 곳/어떤 종교도 없어요/평화롭게 삶을 살아
가는/모든 사람들을 상상해 보세요/당신은 제가 몽상가라고 말할지도 모르죠/하지만 전 혼자가 아니에요/
언젠가 당신도 우리와 함께 하기를 바래요/그러면 세상을 하나가 되어 살아갈 수 있을 거예요/어떤 소유도
없는 곳을 상상해 보세요/당신이 할 수 있는지 궁금하네요/욕심을 부릴 필요도 굶주릴 일도 없는 곳/한 형
제처럼 살아가는 사람들/온 세상을 함게 나누어가며/살아가는 사람들을 상상해 보세요/당신은 제가 몽상
가라고 말할지도 모르죠/하지만 전 혼자가 아니예요/언젠가 당신도 우리와 함께 하기를 바래요/그러면
세상을 하나가 되어 살아갈 수 있을 거예요

이사가던 날

계동균 작사/작곡

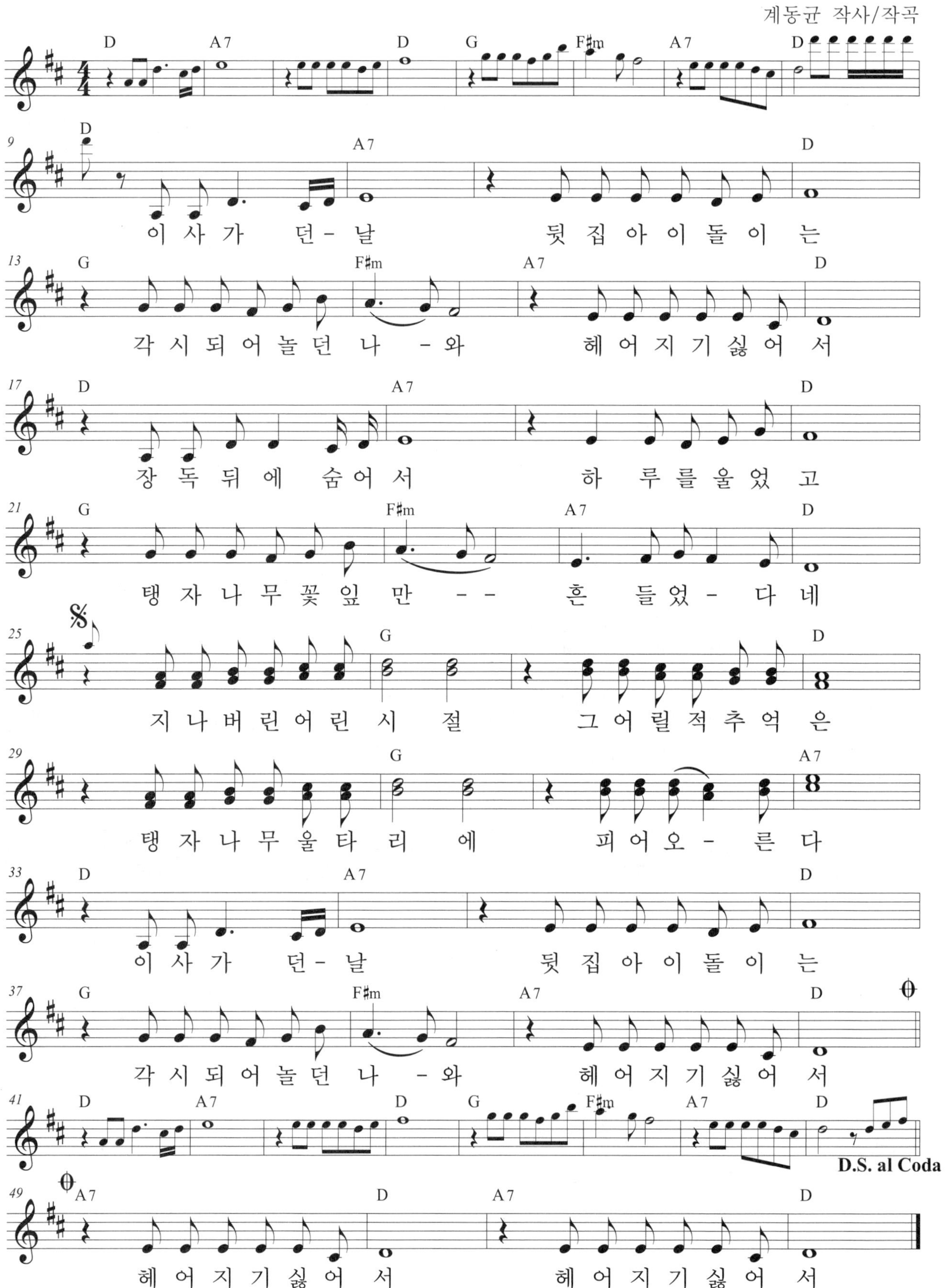
이 사 가 던 - 날 뒷 집 아 이 돌 이 는
각 시 되 어 놀 던 나 - 와 헤 어 지 기 싫 어 서
장 독 뒤 에 숨 어 서 하 루 를 울 었 고
탱 자 나 무 꽃 잎 만 - - 흔 들 었 - 다 네
지 나 버 린 어 린 시 절 그 어 릴 적 추 억 은
탱 자 나 무 울 타 리 에 피 어 오 - 른 다
이 사 가 던 - 날 뒷 집 아 이 돌 이 는
각 시 되 어 놀 던 나 - 와 헤 어 지 기 싫 어 서
D.S. al Coda
헤 어 지 기 싫 어 서 헤 어 지 기 싫 어 서

잊혀진 계절

박건호 작사
이범희 작곡
우 - - - 우 - - - 우 - - - - 지금도기억하고
있어요 시월의마지막밤을 뜻모를이야기만남긴채
우리는헤어졌지요 그날의쓸쓸했던표정이
그대의진실인가-요 한마디 변명도못하고
잊혀져야하는건가요 - - - 언제나돌아오는계절은
나에게꿈을주지-만 이룰수없는꿈은슬퍼요 나를울려요
우 - - - 우 - - - 우 - - - - - -

인연

이선희 작사/작곡
♩=78
FM7 G Am FM7 G Am FM7 G Am
약
C Am Em Am Em F6 G
속해요 - 이순간이 - 다지나고 - 다시보게 - 되는그날 -   모
취한듯 - 만 - 남은 - 짧았지만 - 빗장열어 - 자리했죠 -   맺
Am Em F C F G C
든걸버 - 리고그대곁에 - 서서남은길을 - 가리란 - - 걸 인연
지못한 - 대도후회하지 - 않죠영원한건 - 없으니 - - 까 운명
FM7 G Am FM7 G Am G
이 라고 하 - - 죠   거부할 수가 없 - 죠   내생
이 라고 하 - - 죠
FM7 G Am FM7 B7 E
에 이처럼아 - 름 다운날 -   또다시 올 수있을까 - 요 고달
하 고
FM7 G Am FM7 G Am
픈 삶의 길 - 에   당신은 선물 인 - 걸 이사
픈 말많 지 - 만   당신은 아실 테 - 죠 먼길

124

FM7 G Am FM7 G Asus4 A
1.
랑 이 녹 슬 지 않 도 록 늘 닦 아 비 출 게 -요 -
돌 아 만 나 게 되 는 날 다 신 놓 지 말 아
Dm C/E FM7 F#m7-5 E/Ab
-
F G Am F G Am
Asus4 A FM7 G Am FM7 G
2.
-요 - 이 생 에 못 한 사 -랑-- 이 생 에 못 한 인
Am FM7 G Am FM7 G
-연 먼 길 돌 아 다 시 만 나 는 날 나 를 놓 지 말
F G Am
- 아 - - - 요

자유로운 사람

노민옥 작사
최선기 작곡

자장가

김영일 작사
김대현 작곡

Andante
Em
Em
Bm
Em

Em
G
Em
Bm
우 리 아 기 착 한 아 - 기 소 록 소 록 잠 들 라
우 리 아 기 금 동 아 - 기 고 요 고 요 잠 잔 다

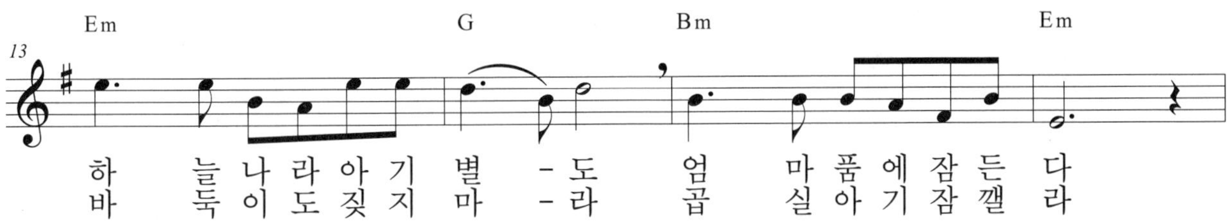

Em
G
Bm
Em
하 늘 나 라 아 기 별 - 도 엄 마 품 에 잠 든 다
바 둑 이 도 짖 지 마 - 라 곱 실 아 기 잠 깰 라

Em
Em
Bm
Em
Em
1.
2.
둥 둥 아 기 잠 자 거 - 라 예 쁜 아 기 자 - 장
오 색 꿈 을 담 뿍 안 - 고 아 침 까 지 자 - 장
장

작은 연못

김민기 작사/작곡

깊은
푸르

산 오솔길 옆 자그마한 연못에 지금
던 나뭇잎이 한잎 두 잎 떨어져 연못

은 더러운 물만 고이고 아무 것 도 살지 않지 만 먼 옛
위 에 작은 배 띄우 다 가 깊은 속 에 가라앉으 면 집 잃

날 이 연못 엔 예쁜 붕 어 두 마 리 살고
은 꽃 사슴 이 산 속을 헤매 다 가 연못

있 었다고 전해 지 지 요 깊은 산 작은 연 - 못
을 찾 아 와 물을 마 시 고 살 며 시 잠 들 게 되죠

어 느
해 는

맑 은 여름 날 연못 속 의 붕어 두 마 리 서로
서 산에 지 고 저녁 산 은 고 - 요한 데 산 허

싸워한-마-리 는물위에 떠오르고 그놈
리로무당벌레하 나휘익지 나간후에 검은

살이썩어들어 가 물도따 라썩어들어 가 연못
물만고-인-채 한없는 세월-속-을 말없

속에선-아무것 도살수없-게되었 죠 깊은
이 몸짓으로헤매 다 수많은 계절을맞

산오솔길옆 자그마 한연못에 지금

은 더러운물만고 이고 아무것 도살지않죠

잔향

김동률 작사/작곡

소리 없는 그대의 노 래 -
귀를 막아도 은은해질 때 - - 남 모
르게 - 삭혀온 눈 물 - 다 게워 내고
허 기 진 맘 채우 려 불 - 러 보는 그 대 이
름 향 - 기
없는 - 그대의 숨 결 숨을 막아도 - 만연해질 때 하 루
하 루 - 쌓 아온 미 련 다 털 어내고 휑 한 가슴 달 래려 - 헤 - 아

리는 - 그대얼굴   그 언
젠가 - 해묵은 상처다아물어도 검게그을린 내맘에그대의눈물로
새싹이푸르게돋아나 그대의숨결로나무를이루면 그때라도 - 내사랑받아주
오 날안아주오단하루라도 -   살아가게해주 오 라 라
라라라라 - 오 오라라라   사 랑 하오 - 얼어붙
은말 - 이내메아리로 또잦아들어 - 가 - 네 -

잠보

케냐 민요
김재창 편곡

스와힐리어를 살펴볼까요

잠보 브와니 - 안녕하십니까?(정중한 인사)
하바리 가니 - 어떻게 지내세요?
은주리 사나 - 아주 좋아요
와게니, 와카리 비슈아 - 환영받는 손님 여러분
케냐 예투 하쿠나 마타타 - 우리 케냐는 걱정이 없다.

장안사

이은상 작사
홍난파 작곡

진달래

피천득 작사
김순애 작곡

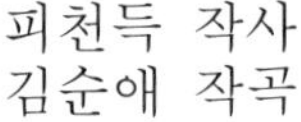

진달래꽃

원키 Fm
김소월 작시
김동진 작곡
나 보 기 가 역 겨 워 가 실 - 때 에 - 는 말 없 - 이 고 - - 히
보 내 드 리 우 리 다 나 보 기 가 역 겨 워 가 실 - 때 에 - 는
말 없 - 이 고 - - 히 보 내 드 리 우 - 리 다 영 변 에 약 산 진 달 래 꽃
아 - 름 따 다 가 실 길 에 영 변 에 약 산 진 달 래 꽃 아 름 따 다 가 실 길 에 뿌 리 우 리
다 가 시 는 걸 음 걸 음 놓 - 인 꽃 을 사 뿐 히 즈 려 밟 - 고 가 시 옵 소 서
가 시 는 걸 음 걸 음 놓 인 그 꽃 을 사 뿐 히 즈 려 밟 고 가 시 옵 소 서
D.S. al Coda
아 니 눈 물 흘 리 우 - 리 다

135

창(窓)

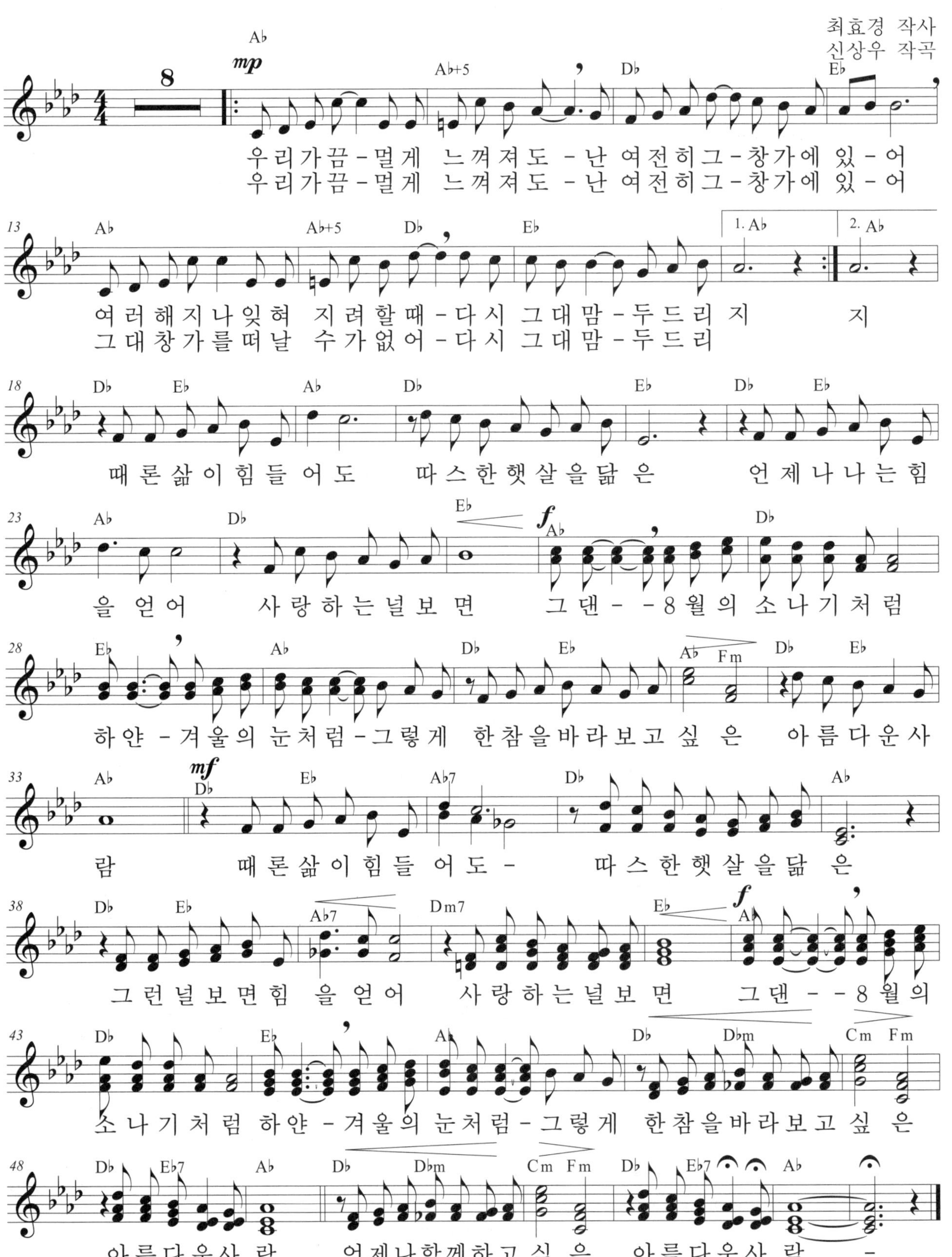

최효경 작사
신상우 작곡

우리가끔-멀게 느껴져도-난 여전히그-창가에 있-어
우리가끔-멀게 느껴져도-난 여전히그-창가에 있-어

여러해지나잊혀 지려할때-다시 그대맘-두드리지 지
그대창가를떠날 수가없어-다시 그대맘-두드리

때론삶이힘들어도 따스한햇살을닮은 언제나나는힘

을얻어 사랑하는널보면 그댄--8월의 소나기처럼

하얀-겨울의 눈처럼-그렇게 한참을바라보고싶은 아름다운사

람 때론삶이힘들어도- 따스한햇살을닮은

그런널보면힘 을얻어 사랑하는널보면 그댄--8월의

소나기처럼 하얀-겨울의 눈처럼-그렇게 한참을바라보고싶은

아름다운사람 언제나함께하고싶은 아름다운사람 -

천상재회

김정욱 작사/작곡

친구

김민기 작사/작곡
원키 D

검
눈

푸 른 바 닷 가 에 비 가 내 리 면 어
앞 에 보 이 는 수 많 은 모 습 을 그

디 가 하 늘 이 고 어 디 가 물 이 오 그
모 두 진 정 이 라 우 겨 말 하 면 어

깊 은 바 다 속 에 고 요 히 잠 기 면 무
느 누 구 하 나 가 홀 로 일 어 나 아

엇 이 산 것 이 고 무 엇 이 죽 었 소 든
니 라 고 말 할 사 람 누 가 있 겠 소

앞 에 떠 오 는 친 구 의 모 습 흘

날 리 는 꽃 잎 위 에 어 른 거 리 오 저

멀 리 들 리 는 친 구 의 모 습 달

리 는 기 차 바 퀴 가 대 답 하 려 나

친구여

하지영 작사
이호준 작곡
은하늘에서잠자고-추억은구름따라흐르고친구여모습은어딜
일생각이날때마다-우린잃어버린정찾아친구여꿈속에서만
졌나 그리운 친구여 옛
날까 조용 히 눈을감네
슬픔도 기쁨도 외로움도 함께했지
부푼꿈-을안고내일을-다짐하던-우리군-센약속어디에-꿈
은 하늘에서잠자고- 추억은 구름따라흐
르고 친구여 모습은어딜갔나 그리운 친구여
D.S. al Coda
옛
꿈

쾌지나칭칭나네

경상도 민요

굿거리장단 ♩.=60~72
쾌지나칭칭나네- 쾌지나칭칭나네- 청천하늘엔잔-별도많--다 쾌지나칭칭나네-

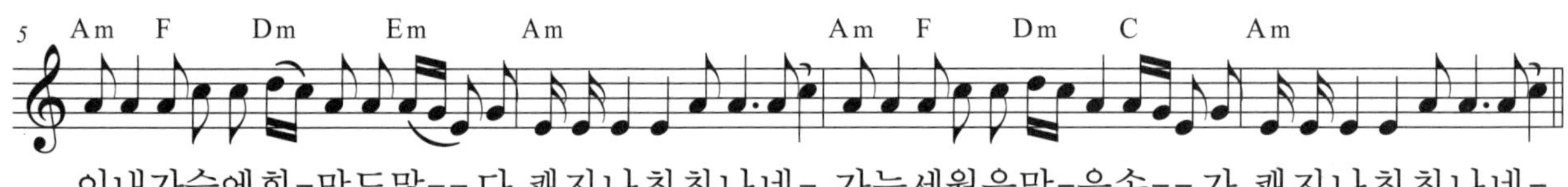

이내가슴에희-망도많--다 쾌지나칭칭나네- 가는세월을막-을손--가 쾌지나칭칭나네-

자진모리장단 ♩.=90~144
쾌지나칭칭나네- 쾌지나칭칭나네- 쾌지나칭칭나네 쾌지나칭칭나네

달아달아-밝은달아 쾌지나칭칭나네 우주-강산에비친달아 쾌지나칭칭나네

강변에는잔돌도많-다 쾌지나칭칭나네 쾌지나칭칭나네 쾌지나칭칭나네

쾌지나 칭칭나 네 - -

투란도트 (Turandot)
공주는 잠못 이루고

G. Puccini

하바네라

자유 로운새같은 사랑 그누가 얻--을-수있나 변덕
스러운그사 랑 내마음 몰--라-준다 면 그를 붙잡고애 원
해도 노래못하--는-새처럼 그의 침묵하는 모습 나는더
좋--아-한다 네- 사랑- 사랑- 사
랑- 사랑 사랑은자유로운새 내마음헤아리지못해
도 그대가 날 사랑치않아도 난 그대를사랑하리-
그대가 나를사랑 하지않는다 해도- 이제는
내가사랑할테니조심해요 자유 할테니조심 해--요-

한계령

하덕규 작사/작곡

Slow Ballad
저 산은내-게 -우지마라 우지마라하고 - 발아래젖은계곡
첩첩산중 저 산은내-게 -잊-으라 잊어버리라하고 - 내가슴을쓸어 내리
네 아 그 러 나 한 줄 기 바람처럼살다가고파 이
산 -저산눈물 구름몰고다니는 떠도 -는바-람처럼 저
산은내-게 -내려가라 내려가라하고 - 지친내어깨를떠미 네
D.S. al Coda
아
rit.

해변으로 가요

이철 작사/작곡

D.S tlme G.T. solo
별이쏟아 지 는 -   해변으로가요 - (해변으로가요
연 - 인들 의 - -   해변으로가요 - (해변으로가요
-) 젊 - 음이 넘치는 -   해변으로가요 - (해변으로가요
-) 사 - 랑한 다 - 는 -   해변으로가요 - (해변으로가요
-) 달 - 콤 - 한 사 랑을 -   속삭여 줘요 -
-) 나는 - 나는 행 복에 -   묻힐거예요 -
불타는 그 입술 -   처음으로느 꼈 네
사 랑의 발 자욱 -   끝없이남기 며

25 Gm B♭
별 이 쏟 아 지 는 - 해 변 으 로 가 요 - (해 변 으 로 가 요
연 - 인 들 의 - - 해 변 으 로 가 요 - (해 변 으 로 가 요

29 Gm B♭
-) 젊 - 음 이 넘 치 는 - 해 변 으 로 가 요 - (해 변 으 로 가 요
-) 사 - 랑 한 다 - 는 - 해 변 으 로 가 요 - (해 변 으 로 가 요

33 E♭ D7 Gm F Gm
-) 달 - 콤 - 한 사 랑 을 - 속 삭 여 줘 요 -
-) 나 는 - 나 는 행 복 에 - 묻 힐 거 예 요 -
D.S.
(No Rep.)

37 E♭ D7 Gm F Gm
-) 나 는 나 는 행 복 에 - 묻 힐 거 예 요 -

41 B♭ Gm B♭ Gm

향수

향수
정지용 작사
김희갑 작곡
넓
은벌 동쪽 끝으로 옛이야기 지줄대는 실개천이 휘돌아나 - 가
고 얼룩백이 - 황 - 소가 해설 - 피금빛 - 게으른울 - 음을우 - 는
곳 그곳 이 - 차마 꿈엔들 잊힐리 - 야 음 - -
- 질화로에 재가 식어지면 - 비인밭에 밤바람소리
말을달리고 엷은졸음에겨운 늙으신 - 아버지가 -
짚 베개를 - - 돋 - 아고 - 이시 - 는 곳 그곳 이 - 차마
꿈 엔들 잊힐리 - 야 흙에서 - 자란내마음 - (내마음 -)
파 - 란하늘빛이 그리워 - (음 - - 그 리 워 -)

함부로쏜화살을찾으며 풀섶이슬에 함초롬휘적시던곳
그곳이차마꿈엔들 -- 잊-힐리야 전
-설바다에춤추는밤물결같은- 검-은귀밑머리날리는
어린누이와아-무렇지도않고 예쁠것도없는사-철 발-벗은아-내가-따가운
햇-살을-등에지고이삭줍던곳-- 그곳이차마 꿈-엔들잊힐리-
야 우-- 하늘에는성근별--- 알수도없는-모래성으로
발을옮기고 서리까마귀우지짖고지나가는-초라한지붕 흐릿한불-빛에
돌아앉아도란도란거리는곳 -그곳이-차마 -꿈-엔들 꿈-엔들
꿈-엔들-꿈-엔들- 잊-힐리야 -

홀로 아리랑

한돌 작사/작곡
♩=100
져 - 멀 리 동 해 바 다 외 로 - 운 - 섬
금 - 강 산 맑 은 물 은 동 해 로 흐 - 르 고
백 - 두 산 두 만 강 에 서 배 타 고 떠 - 나 라
오 - 늘 도 거 센 바 람 불 어 오 겠 - 지
설 - 악 산 맑 은 물 도 동 해 가 는 - 데
한 - 라 산 제 주 에 서 배 타 고 간 - 다
조 그 만 얼 굴 로 바 람 - 맞 - 으 니
우 리 네 마 음 들 은 어 디 로 - 가 - 는 가
가 다 가 홀 로 섬 에 닻 을 - 내 - 리 고
독 도 야 간 밤 에 는 잘 - 잤 느 냐
언 제 쯤 우 리 는 아 침 해 를 맞 나 가 될 까
떠 오 르 는 아 침 해 를 맞 이 해 보 자
아 - 리 랑 아 - 리 랑 홀 로 - 아 리 랑
아 - 리 랑 고 개 를 넘 어 가 보 - 자
가 다 가 힘 들 면 쉬 어 가 - 더 - 라 도
손 잡 고 가 보 자 같 이 가 보 자

화이트 크리스마스
White Christmas

Irving Berlin 작곡

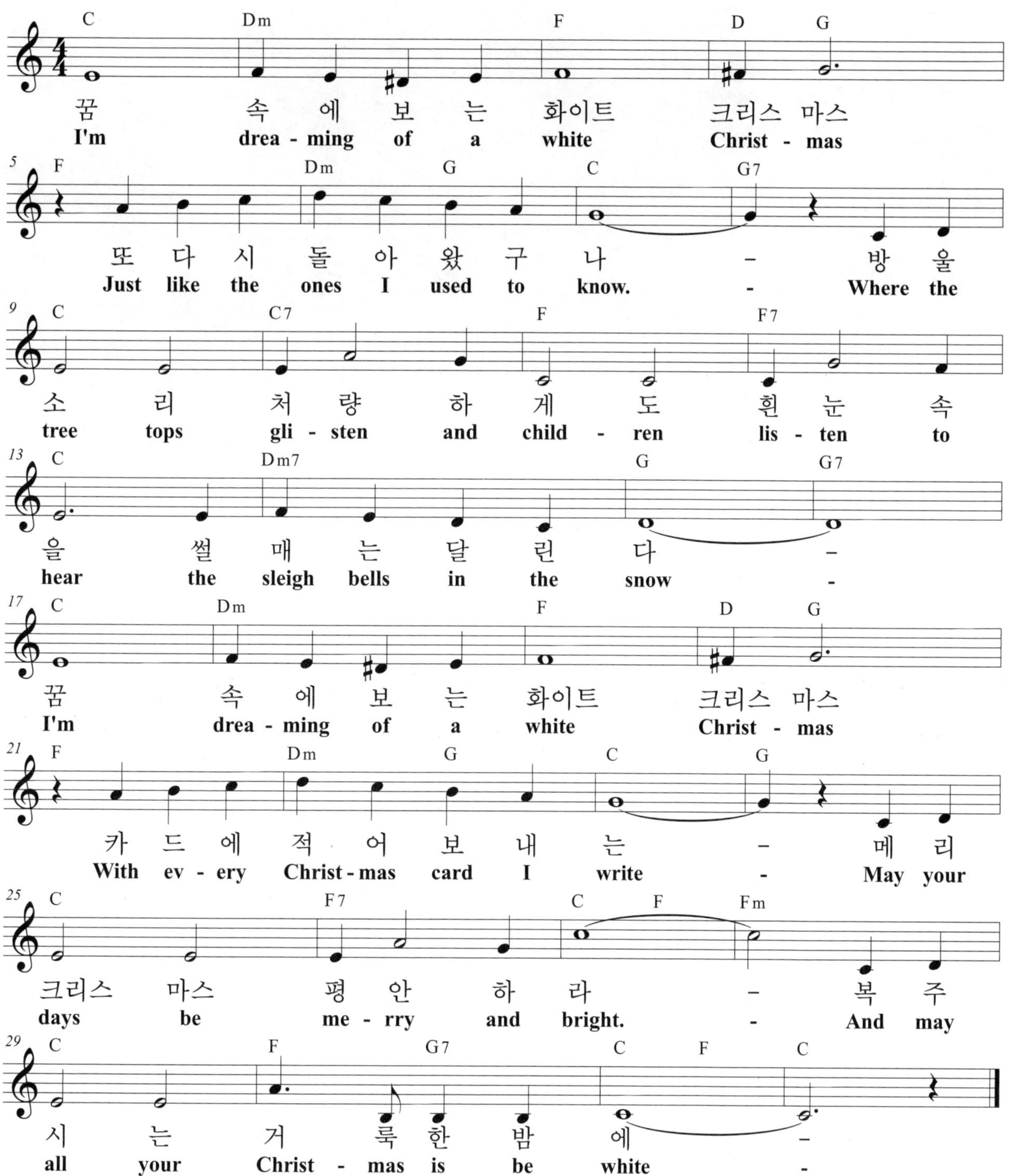

흔적

김순곤 작사

이제는 가도 되는 건가요
어두워진 거리로
오늘만은 왠지 당신 앞에서
울고 싶지 않아요
어차피 내가 만든 과거 속에서
살아가야 하지만
절반의 책임마저
당신은 모르겠지요
지나간 날을 추억이라며
당신이 미소지을 때
기억해요
슬픈 여자 마음에
상처뿐인 흔적을
기억해요
슬픈 여자 마음에
상처뿐인 흔적을

흔적

김순곤 작사
방기남 작곡
이제는 가도 되는건가요 어두워진거리로
오늘만은왠지 당신-앞에서 울고싶지-않아 -요 -
어차피내가만든 과거속에서- 살아가야하지만 -절반의 -책임마저
당신은모르겠지요 - 지나간날을 추억이라며-
당신이미소지을 때 기억해요슬픈 여자-마음에 상-처뿐인-흔적을
기억해요슬픈 여자-마음에 상-처뿐인-흔적을

간단 음악 이론

빠르기 용어

빠른 용어 Presto(빠르고 급하게)
Vivace(경쾌하게)
Vivo(활발하게)
Allegro(빠르게)

중간 빠르기 용어
Allegretto(조금 빠르게)
Moderato(보통 빠르기로)
Andantino(조금 느리게)

느린 용어 Andante(느리게)
Adagio(느리고 침착하게)
Largo(느리고 폭넓게)
Lento(느리고 무겁게)
Grave(느리고 장중하게)

셈여림 용어 (비유)

ppp(피아니시시모) – 귓속말 정도
pp(피아니시모) – 옆에 있는 사람에게 속삭이는 정도
p(피아노) – 주변 사람들에게 피해 없을 정도의 대화
mp(메조피아노) – 차를 마시는 대상과 보통 대화 정도
mf(메조포르테) – 옆 테이블에 앉은 사람과 이야기하는 정도
f(포르테) – 주변 5명 정도에게 알리는 정도
ff(포르티시모) – 교실안의 사람들에게 알리는 정도
fff(포르티시시모) – 교실 밖으로 소리가 새어나갈 정도

소리 크기의 변화

cresc.(crescendo-크레센도) – 점점세게
decresc.(decresendo-데크레센도) – 점점 여리게
dim,(diminuendo-디미누엔도) – 점점 여리게
crescendo e diminuendo(크레센도 에 디미누엔도) – 커지다가 여리게

기타 용어	meno(메노) – 보다 작게
	poco(포코) – 조금, 약간
	molto(몰토) – 매우, 아주
	piu(피우) – 더욱, 한층 더, 얼마간
	rubato(루바토) – 박자에 얽매이지 않고 기분을 살려 자유롭게
	mosso(모소) – 빠른

성부 (목소리음역대)	soprano(소프라노) – 여성 고음역
	mezzo soprano(메조소프라노) – 여성 중간 음역
	alto(알토) – 여성 낮은 음역
	tenor(테너) – 남성 고음역
	baritone(바리톤) – 남성 중간 음역
	bass(베이스) – 남성 낮은 음역

※ 음역은 세분하면 무한대이나 합창곡을 만드는 기준으로 쓰는 구분임.

반복구간 연주 순서의 예

단순 반복

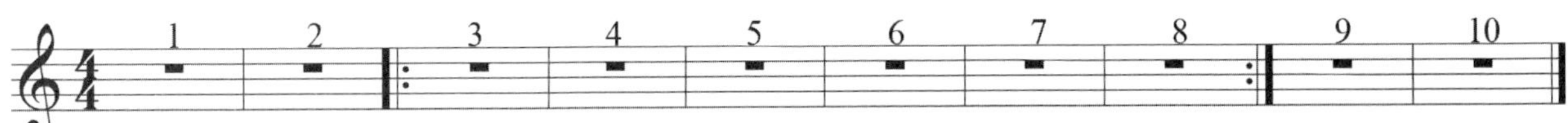

연주순서   1-2-3-4-5-6-7-8-3-4-5-6-7-8-9-10

끝이 다른 반복

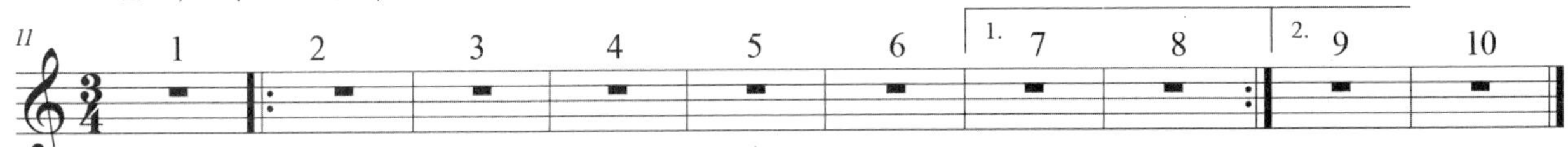

연주순서   1-2-3-4-5-6-7-8-2-3-4-5-6-9-10

넓은 구간의 반복을 위한 방법

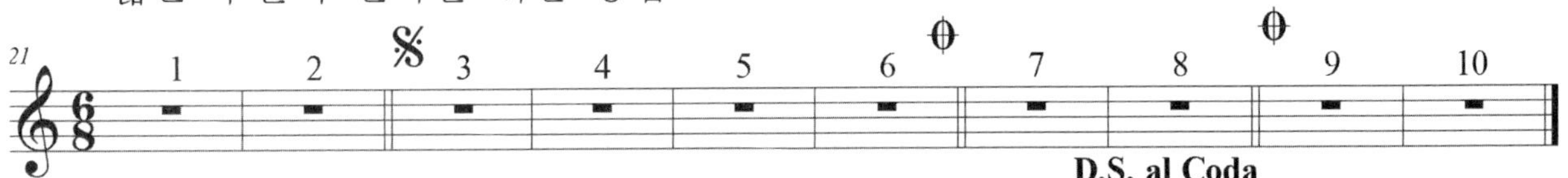

연주순서   1-2-3-4-5-6-7-8-3-4-5-6-9-10

악보 사용의 편리를 위한 방법

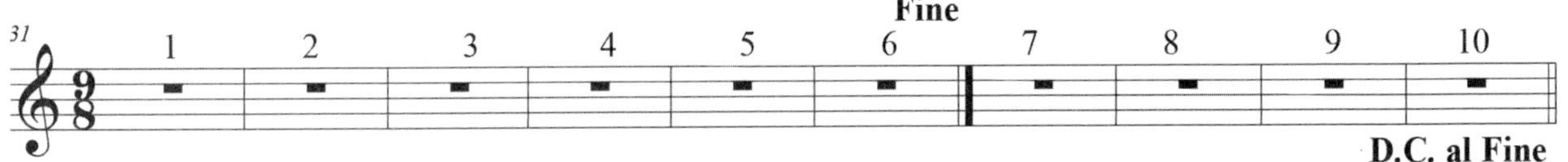

연주순서   1-2-3-4-5-6-7-8-9-10-1-2-3-4-5-6

𝄋   세뇨

𝄌   코다

D.S. al Coda   달 세뇨 알 코다 - 세뇨로 다시 가서 연주하며 코다를 건너 뛸 것

D.C. al Fine   다 카포 알 피네 - 처음으로 돌아가서 연주할 뒤 Fine에서 마칠 것

A collection of songs for senior

편저자 **최선기**

iwooroo@gmail.com 010-3745-3900

· BMI Conservatory 작곡 및 지휘 전공
· 작곡가 겸 지휘자로 활동 중
· 고 김동환교수로부터 작곡 사사

주요 작품 강변길을 걷다 보면 / 유월의 꽃 / 해원의 등불 /
자유로운 사람 / 충남의 노래 등

주요 활동 ① 시니어를 위한 합창과 가곡 지도
서울북부 노인대학, 해피누리 노인대학 외
② 합창 및 중창단 지휘 및 음악감독

부르고 싶은 노래 2

발행일 | 2025년 8월 25일 (초판)

인쇄일 | 2025년 8월 25일

편저자 | 최선기

발행인 | 도서출판 코레드

펴낸곳 | 도서출판 코레드

주소 | 서울시 중구 을지로 16길 39

전화 | 02)2266-0751 / 010-3710-3961

팩스 | 02)2267-6020

E-mail | swksi123@naver.com

등록 | 2018. 5. 4. 제2017-000027호

ISBN | 979-11-89931-98-8 (13670)

가격 | 18,000원